陈艳 ■ 著

一蓑烟雨任平生

苏东坡词传

航空工业出版社

北　京

内 容 提 要

苏轼以他神奇的文笔、渊博的学识、睿智的思想、高尚的人格、丰富的人生经历、多方面的巨大成就，还有他永远不灭的那一份诙谐，在中华大地挥出最亮丽的一笔色彩。

图书在版编目（CIP）数据

一蓑烟雨任平生 : 苏东坡词传 / 陈艳著 . — 北京 :
航空工业出版社，2022.3
ISBN 978-7-5165-2931-7

Ⅰ . ①一… Ⅱ . ①陈… Ⅲ . ①苏轼（1036–1101）
—传记 Ⅳ . ① K825.6

中国版本图书馆 CIP 数据核字（2022）第 037241 号

一蓑烟雨任平生 苏东坡词传
Yisuo Yanyu Ren Pingsheng Su Dongpo Cizhuan

航空工业出版社出版发行
（北京市朝阳区京顺路 5 号曙光大厦 C 座 4 层　100028）
发行部电话：010-85672688　010-85672689

永清县晔盛亚胶印有限公司印刷　　全国各地新华书店经售
2022 年 3 月第 1 版　　　　　　　2022 年 3 月第 1 次印刷
开本：880×1230　1/32　　　　　字数：150 千字
印张：8.25　　　　　　　　　　　定价：42.00 元

冰肌玉骨，自清凉无汗。水殿风来暗香满。

绣帘开、一点明月窥人，人未寝，欹枕钗横鬓乱。

寒灯相对记畴昔，夜雨何时听萧瑟。
君知此意不可忘，慎勿苦爱高官职。

人有悲欢离合，月有阴晴圆缺，此事古难全。

但愿人长久，千里共婵娟。

夜来幽梦忽还乡，小轩窗，正梳妆。相顾无言，惟有泪千行。料得年年断肠处，明月夜，短松岗。

虽抱文章，开口谁亲。且陶陶、乐尽天真。

几时归去，作个闲人。对一张琴，一壶酒，一溪云。

素面常嫌粉涴，洗妆不褪唇红。

高情已逐晓云空，不与梨花同梦。

　　中华民族的历史星空中，有无数文人墨客熠熠生辉，苏东坡则是其中极为闪亮的一颗。

　　近代国学大师王国维推崇苏轼："三代以下诗人，无过屈子、渊明、子美、子瞻者。此四子者，若无文学之天才，其人格亦自足千古。故无高尚伟大之人格，而有高尚伟大之文章者，殆未有之也。"

　　纵观苏轼的一生，面对人生的跌宕起伏，他始终能豁达从容，将别人眼中的苟且，活成了自己的潇洒通透。

　　对待亲人，他赤子丹心，面临险境，不忘记告诉弟弟要"更结来生未了因"。

　　与朋友相处，坦诚自然，肝胆相照。见与不见，我都在这里，心近，有情不远，"握手一笑三千年"！

　　夫妻相处，更是情深意重，绝唱"十年生死两茫茫"。

　　苏轼极懂得生活，并乐于享受生活，无论生活境遇如何，皆能将美食赋予生活情趣。

　　他为官清正，无论何时，都胸怀天下，济世苍生。逆境中，他保持坚贞气节，决不随波逐流；身为地方官，他造福一方，徐州防汛，杭州筑堤，儋州授馆，兴修水利，架桥凿井，赈灾施药……

　　兄弟之情，朋友之意，夫妻恩爱，官场得失……人生几度悲欢，苏轼用他的诗词记录着他的所经所历，他的内心照见。

苏轼每到一处，忧心世间疾苦，勤政爱民。生活窘迫，却苦中作乐，把心中的悲欢都化作诗词佳作，挥洒在大宋江山的蒙蒙细雨里。

苏轼的作品境界开阔，内容广阔，风格多样，词开豪放一派，览天地万物，嬉笑怒骂皆文章。

他留给了我们太多脍炙人口、千古流传的优秀诗篇。当我们饱览江河壮观景象，会吟诵"大江东去，浪淘尽，千古风流人物"；当我们沉醉于庐山烟雨，自然想起"不识庐山真面目，只缘身在此山中"；当我们遭遇困厄，"回首向来萧瑟处，归去，也无风雨也无晴"是最好的安慰；中秋月夜倍思亲，那著名的"但愿人长久，千里共婵娟"让人久久回味。

……

他以文为诗，别开生面，成一代之大观。

他的才华超凡，思想深远；他性格洒脱，他是常人，又是千古英雄之一。

刘辰翁《辛稼轩词序》说："词至东坡，倾荡磊落，如诗，如文，如天地奇观。"

苏轼以他神奇的文笔、渊博的学识、睿智的思想、高尚的人格、丰富的人生经历、多方面的巨大成就，还有他永远不灭的那一份诙谐，在中华大地挥出最亮丽的一笔色彩。

他在浩瀚的历史天空中散发着最明媚最温润的光辉，他完成了自己，也完成了流芳千古杰作。

而他自己，却始终以一种超然旷达的态度对待自己的喜怒哀乐、荣辱得失，守住那颗"平常心"。

目 录

第一章

时光易逝流光暖

漫步溪边，中年苏轼在春色撩人的美景中回味过往。

人生几度沉浮，当风烟散去，铅华洗净，看春草生发，溪水西流，子规声啼，远山无语，当此时，过往得失，皆可放眼云烟之外。

谁道人生无再少

山下兰芽短浸溪，松间沙路净无泥，潇潇暮雨子规啼。

谁道人生无再少？门前流水尚能西！休将白发唱黄鸡。

——《浣溪沙·游蕲水清泉寺》

世间万物有盛衰，人生安得常少年。时间是公平的，每个人在回首往事的时候，都有青春芳华可以记取。

它是醇香的酒，于岁月中越久弥香。它是绽放的花，点缀出生命别样华章。

苏轼的青春时光，更是如耀眼之星，名冠京华，为世人瞩目。

公元1056年，21岁的眉州青年苏轼跨出蜀门，赴京科考，雄文一篇《刑赏忠厚之至论》一鸣惊人。主考官欧阳修以为文章系自己得意门生曾巩所写，为避嫌疑，将文章列为二等。

苏轼当时英姿飒爽，意气风发，礼部复试，复以《春秋对义》取为第一，一时间名动京师。

欧阳修十分欣赏苏轼的才华，他逢人就说，"吾当让路，使其出人头地也"，更而甚之，他不惜损己以抬人，"三十年后，无人再论老夫也"。

苏轼之所以才高八斗，一举成名，与他的少年成长不无关系。

北宋仁宗景祐三年（1037年）12月19日，眉山小城纱谷行苏家这天喜气洋洋，因为一个男婴呱呱坠地。

随着"哇"的一声响亮的啼哭，孩子懵懂地来到了这个世界上，母亲程夫人此时终于松了一口气，笑容挂上眉梢，父亲苏洵也长吁了一口气。

母亲程夫人在怀孕之时，曾梦见有一位浓眉大眼的和尚前来托梦，梦有吉兆，有人说这预示着腹中胎儿不凡。这是苏家的第二个男孩，此前，苏家的长子还没长大便夭折了，是故，对于这个孩子的降临，家人又紧张又期盼，如今算是心想事成，一切如人所愿。

三年后，程夫人又生一子。两儿性格迥异。大儿聪明外向，性格活泼，锋芒毕露；小儿沉默内向，稳重内敛。

苏洵根据孩子的性格，为他们分别取名。

长子名"轼"，字子瞻；次子取名为"辙"，字子由。

之所以分别取苏轼、苏辙这两个名字，他在《名儿子说》的文章中介绍取名的由来。

"古代车子的车轮、车辐木、车盖、车轸木都有各自的功能，只有车轼（车前的横木）好像没有什么用处。但如果去掉横木，那就不是一辆完整的车了。轼啊，我担心的是你不会掩饰自己的外表。天下的车没有不从车辙（车轮行过时留下的痕迹）上碾过的，而谈到车的功劳，车辙从来都不在其中。不过当遇到车翻马死的灾难时，祸患也从来波及不到车辙。车辙是善于处在祸福之间的。辙啊，我知道你是可以免于灾祸的。"

　　有孩子后的苏洵，身为人父，深感责任重大，一改往日喜游历，轻读书的习性，开始闭门不出，发奋读书。

　　当时蜀中崇尚读书的风气很是浓厚，那些深厚的文化底蕴熏陶着少年的苏轼。

　　母亲程夫人对孩子的言传身教也给孩子做出一个很好的榜样。

　　苏轼9岁那年，程夫人教儿子读《范滂传》时不禁叹息起来，于是苏轼好奇地问母亲："轼若为滂，母许之乎？"程氏说："汝能为滂，吾顾不能为滂母邪？"

　　苏轼6岁入学，私塾有学童百余人，苏轼成绩名列前茅。10岁时，已经能写出出奇的诗句。

　　苏轼即使天资聪颖，但并不耍小聪明，他少年读书极为努力，凡老师布置的经史诗文，经典古籍要求熟读至能背诵，他不仅努力背诵，还会将经书和正史抄写一遍。

　　他觉得，将一本书逐字抄写之后，对那本书所知的深刻，

　　　　　　　　　　　　　　一蓑烟雨任平生：苏东坡词传

绝非仅仅阅读多次所能比。在抄书之时，他正好可以练习书法，正是一举两得。

父亲的榜样示范，母亲的言传身教，家庭学习气氛的浓烈，自己的发奋，这些都为苏轼这位富有文学天才的青年的发育给予了丰富的营养。

殿试的日子到了，他那时才二十多岁。多年来三更灯火五更鸡的苦读力学，都是为了这一时刻。

仁宗嘉祐二年（1057年）4月8日，苏轼参加科举考试。4月14日，榜上有名，在388人之中几乎名列榜首，成为进士，不久，以全国第一流的学者知名于天下。

苏轼初入官场，只是一个八品小官，其才华却闻名于世，粉丝众多，天下百姓为其才气折服，当朝皇帝亦十分赏识，甚至连高太后也是他的超级粉丝。

短短的18个月内，苏轼升为三品朝官。青年苏轼，满怀豪情壮志。

他当时不会想到，二十年之后，他会身处黄州，像农夫一样带着草帽，扛着小锄，劳作田间。

苏轼光环笼罩，效命朝廷，何以会到那偏远黄州，过着乡野生活？

那就得由中国文坛上最大的冤案——乌台诗案说起。

这场文字狱，掀起了一场弥漫皇城的"沙尘暴"。

元丰二年（1079年），苏轼43岁，调任湖州知州。上任后，他即给皇上写了一封《湖州谢上表》。诗人苏轼，秉性纯正，官样文章，亦带个人性格，"愚不适时，难以追陪新进""老不生事或能牧养小民"。

本是普通说辞，但对于想在文章里挑刺的人来说，必能生出些事端。

御史中丞李定，绞尽脑汁罗织苏轼的罪名，亲自到坊间购买苏轼的诗集，不分昼夜研究苏轼写下的每一个字。当年，他儿子曾去徐州攀附苏轼，受到冷落，狼狈而回，早就怀恨在心。

况且，李定是右相王珪的人，王珪也在神宗面前力诋苏轼。

他们说："难以追陪新进，就是看不起现在当差的这些官员；察其老不生事，就是说现在的官员喜欢惹是生非。"

神宗听了，龙心大怒。

苏轼万万没想到宋神宗真的就因为这两句牢骚话对他撤职查办了，因文章惹祸上身，他算是古今第一人，这人生简直是太残酷了……

"乌台诗案"最终的结局是苏轼被贬到黄州，由地方看管。

黄州地处偏僻，依长江，镇不大，经济落后，距汉口约60里。

初到黄州，苏轼暂住定惠院。寺院坐落于风景优美的山坡上，四周林木茂密，苏轼与寺庙中的僧人同吃同住，饭后常常出去散步，所见、所想，形思成文，提笔便是诗篇。

不久，家人皆至，苏轼开始为自己建筑一个舒适的家。那些官场的起落已抛至脑后，他筑水坝，建鱼池，移树苗，种菜种……生活在乡野田间，他感到从未有过的满足和平静。

每每，孩子们欢天喜地地跑来告诉他好消息，说他们打的井出了水，或是他种的地上冒出针尖般小的绿苗，他便会欣喜若狂，手舞足蹈。

生活于民间的苏轼，因俸禄锐减，养家是个问题。但，这也不是难题。这里别的没有，土地到处都是。苏轼便在黄州东边的一片坡田地里垦荒种地，自称"东坡居士"。

他那《东坡八首》前面的小序中说："余至黄二年，日以困匮，故人马正卿哀余乏食，为郡中故营地数十亩，使得躬耕其中。地既久荒，为茨棘瓦砾之场，而岁又大旱，垦辟之劳，筋力殆尽。释来而叹，乃作是诗，自憨其勤。庶几来岁之入，忽忘其劳焉。"

田间劳动，往来自然有白丁。好心的农人对这位刚务农田的新手热心指导：麦苗初生之后，不能任其生长，若打算丰收，必须让初生的麦苗由牛羊吃去，等冬尽春来时，再生出的麦苗才能茂盛。等小麦丰收，苏轼对那个农夫的指教，无限感激。

苏轼狱中受刑之苦似乎已淡去，如今回到民间，远离官场，重返自由之喜，却是喜得实在，也活得自在。

他每每行走于乡间野地，在起伏不平的山麓漫游，在庙宇、私人庭园、树阴掩蔽的溪流处探胜寻幽，如有朋友来访，更是结伴而行，在长江苏两岸，四处游玩。

有段日子，因天不作美，久旱无雨，农田荒芜，一日雨至，苏东坡在田间手舞足蹈，如农人般喜不自胜。

诗人的心，较于常人必是更为敏感，细腻。

黄州小镇，于外人看来，且穷且小，并无风景可言，至于当地的临皋亭，亦并不见得值得夸耀，但却是苏轼心中极佳之地。他常登临皋亭，远望江景，并写下"晚景落琼杯，照眼云山翠作堆。认得岷峨春雪浪，初来，万顷蒲萄涨渌醅。春雨暗阳台，乱洒歌楼湿粉腮。一阵东风来卷地，吹回，落照江天一半开"这样优美的诗句来。

人间不缺少美，只缺少发现美的眼睛。

苏轼在札记里写道："东坡居士酒醉饭饱，倚于几上，白云左绕，青江右回，重门洞开，林峦岔入。当是时，若有思而无所思，以受万物之备。惭愧，惭愧。"

每每酒醉饭饱心清爽，对白云清江，重门林峦，意韵悠长。

别人见他凝眸望，戏问将谁想？苏轼淡笑："木为房，竹为床，稻为粮。少劳作，多贪享。"这日子，着实是美哉乐哉。

有时，他临风怅，见夕阳茫茫，眼底心上，便是"临皋亭下十数步，便是大江，其半是峨眉雪水。吾饮食沐浴皆取焉，何必归乡哉？江水风月本无常主，闲者便是主人。闻范子丰新第园地，与此孰胜？所以不如君者，无两税及助役钱尔"。

有些乐事，只有身在田园，才能享受。

在弃官归隐时，陶潜写了一篇诗《归去来辞》，苏轼因每日在田亩耕作，把归去来辞的句子重组，照民歌唱出，教给农夫唱，他自己也暂时放下犁耙，手拿小棍，在牛角上打拍子，和农夫一起唱和。

田园生活，过得风风火火，乡间邻人、朋友，皆为一众寻常人士：潘酒监、郭药师、庞大夫、农夫古某……还有一个说话大嗓门跋扈霸道的婆娘，常和丈夫吵嘴，夜里像猪一般吼叫。

无论平民百姓，还是当地官府人士，对待贤者，自有他们的方式。

黄州太守徐大受、武昌太守朱寿昌对苏轼非常崇拜，常送酒送食物给他，至于另一位超级粉丝马梦得（字正卿），则始终陪伴着苏轼，忠实可靠，无论富贵与贫困，始终不离左右。

苏轼初到黄州时虽也吟过"饮中真味老更浓，醉里狂言醒可怕"这样惴惴不安的句子，但当生活安顿下来之后，有樵夫野老的帮助，有亲朋故旧的关心，有州郡长官的礼遇，又有山川风物的吸引。他拨开眼前的阴霾，敞开了超旷爽朗的心扉，于人生失意时，亦在苦中作乐。

一日暮雨天气，苏轼游玩蕲水的清泉寺，寺庙在兰溪的旁边，溪水却与别处不同，往往天下之水，皆是"一江春水向东流"，而此小溪之水却向西流淌。

此时，山脚下兰草新抽的幼芽浸润在溪水中，摇曳生姿，松林间，沙路被雨水冲洗，一尘不染。至傍晚时分，只听得细雨萧萧，布谷声声，景在眼中，情由心生。苏轼此时诗兴大发写下：

山下兰芽短浸溪，松间沙路净无泥，潇潇暮雨子规啼。

谁道人生无再少？门前流水尚能西！休将白发唱黄鸡。

"休将白发唱黄鸡"这一句出自白居易《醉歌示妓人商玲珑》，原诗是"黄鸡催晓丑时鸣，白日催年酉前没"，白居易感叹黄鸡催晓、白日催年、朱颜易逝，他的调子是低沉的。

苏轼的《浣溪沙·游蕲水清泉寺》却逆向思维，不要悲叹白发，感慨黄鸡催晓，光阴易逝。他一扫白居易那种低沉格调，也冲淡了上片"潇潇暮雨子规啼"的悲凉气氛。用其典故却逆其道，表达出自己不因韶华已逝而心灰意冷，要时刻保持青春常驻的心态。

在他眼里，早春时节，溪边兰草初发，小径洁净无泥，一派生机盎然的景象。美景良辰，潇潇暮雨，子规声声，仿佛提醒行人"不如归去"。这春景之美，因子规声声而多了几分伤感的色彩。

人生有多少青春可以重来？李商隐有诗云："夕阳无限好，只是近黄昏。"稼轩于醉里挑灯看剑，一声长叹："可怜白发生！"汉乐府《长歌行》中意味深长地劝诫："少壮不努力，老大徒伤悲。"

但苏轼笔锋急转，不再陷于子规啼声带来的愁思，而是振笔挥出自己别样感受。

虽说"花有重开日，人无再少年"，岁月的流逝，正如同东去的流水一般，无法挽留。然而，人世总有意外，"门前流水尚能西"，自己虽已身历波折，人至不惑之年，却怎么能叹年华已逝，老大徒然悲伤呢？

漫步溪边的中年苏轼在春色撩人的美景中，回味过往种种，以其韵高，语浅，境深的文笔，书写出人生不如意、老年将至时"谁道人生无再少？休将白发唱黄鸡"的诗句来。

人生几度沉浮，当风烟散去，铅华洗净，看春草生发，溪水西流，子规声啼，远山无语，此时，过往得失，皆可放眼云烟之外。

后世评论家陈廷焯对此词给予极高评价："愈悲郁，愈豪放，愈忠厚，令我神往。"

苏轼写给朋友的两封信里，他亦有言："吾济虽老且穷，而道理贯心肝，忠义填骨髓，直须谈笑生死之际……"

在苏轼的人生哲学里，老与穷，都不是问题，置身物外，体味生活。

人生在世虚怀若谷，喜悦达观便在，心田充满仁爱，身心便时时愉快；纵然告别尘寰，仍无垂暮心怀，自然可抵达"水击三千里，抟扶摇而上者九万里"的境界。

千百年来，在中国人眼中，那长长短短的雨，那淡薄渺远的青色天际总是无比的凄楚与忧伤。

苏轼以待罪之官的身份被安置在偏僻的黄州，孤寂苦楚的心情虽然不是轻易可以摆脱，但知命不认命，"谁道人生无再少"？

这是对青春活力的呼唤，这种逆境中的乐观，使他的人生处处生暖，面对各种悲欢离合，亦用一颗诗心对待。

那个性张扬的青春，那充满智慧与勇气的青春，那流淌着年少轻狂的青春，充满着风雨坎坷的青春，有五彩的梦，有淋漓的愁，有跋涉的脚印……所有的青春感叹化作指路的明灯，伴着苏轼这颗热爱生活的心前进，再前进……

人生如梦江中月

　　大江东去，浪淘尽，千古风流人物。故垒西边，人道是，三国周郎赤壁。乱石穿空，惊涛拍岸，卷起千堆雪。江山如画，一时多少豪杰。

　　遥想公瑾当年，小乔初嫁了，雄姿英发。羽扇纶巾，谈笑间，樯橹灰飞烟灭。故国神游，多情应笑我，早生华发。人生如梦，一樽还酹江月。

——《念奴娇·赤壁怀古》

　　黄州赤壁，据《黄州府志》记载："岩石屹立如壁，其色赤，亦称赤壁。"其形如一只赤色的鼻子伸入江面，所以又有"赤鼻矶"之称。

　　"矶头赤壁当天倚，下有山根插江底"，明代诗人李东阳的诗句，倒也画出了这里的自然景观。

　　苏东坡在黄州，常带着儿子苏迈，驾小舟，去赤壁探险。

　　在苏东坡至黄州前，赤壁已是游览胜地。晚唐诗人杜牧称赞它："地胜足楼台。"

李白留下《赤壁歌送别》。

二龙争战决雌雄，赤壁楼船扫地空。烈火张天照云海，周瑜于此破曹公。

君去沧江望澄碧，鲸鲵唐突留馀迹。一一书来报故人，我欲因之壮心魄。

至宋代，已有著名的四楼：月波楼、栖霞楼、竹楼和涵晖楼。文人墨客历来喜欢来此游览。

王安石、辛弃疾、陆游、王禹偁、黄庭坚、岳飞、文天祥……都在赤鼻矶头留下了他们的足迹。

宋代以后，历代有名的诗人、画家，差不多也都在这里留下了诗痕画迹。

如此佳境，苏东坡怎能错过？

他对于这黄州的赤壁是否是当年三国赤壁大战遗址很有疑问，写下"斗入江中，石色如丹，传云曹公败处，所谓赤壁者。或去：非也"。

虽然如此，并不影响他游玩与探险的兴致。

他常与朋友相约，乘船去赤壁下游玩。

深秋季节，清风送爽，江面水波如镜。苏东坡在船上，举杯邀客人同饮，朗诵明月之诗，歌唱《窈窕》之乐章。

不久，月出东山，白茫茫的雾气横贯江面，水天相接，月影徘徊。

苏东坡常觉得小舟在茫茫万顷的江面上自由飘动，像是在天空中驾风遨游，他任船飘荡水中，有种独对长空，遗弃尘世，飞天成仙的感觉。

这时候喝着酒，敲着船舷唱起歌来"桂棹兮兰桨，击空明兮溯流光。渺渺兮予怀，望美人兮天一方……"

此时，同游一位友人，洞箫吹得极好，他听着歌声，取出竹箫，默默地吹箫应和。

箫声呜呜，如泣如诉，尾声凄切，婉转、悠长，如同不断的细丝。

苏东坡闻听容色突变，整理了衣裳，端正地坐着，问友人："曲调为何如此悲伤？"

友人说："'月明星稀，乌鹊南飞'，这不是曹孟德的诗吗？这曾是三国赤壁大战的遗址，我们此时举杯畅饮，如同生于天地之间的蜉蝣，我们的生命的短暂，真羡慕长江的流水无穷无尽。"

苏东坡一听，劝道："天地之间，万物各有主人，假如不是为我所有，即使是一丝一毫也不能得到。只有这江上的清风和山间的明月，耳朵听到了就成为声音，眼睛看到了就成为景色，占有它们，无人禁止，使用它们，无穷无尽。这是大自然无穷无尽的宝藏，而我能够同你共同享用。"

友人听了之后，高兴地笑了。洗净杯子，重新斟酒。菜肴果品已吃完了，杯盘杂乱地放着。大家互相枕着靠着睡在船中，不知不觉东方天空已经亮了。

此次游历，苏东坡挥笔写就《前赤壁赋》。

他并不是游览过此地，写一篇文章，就算对这个地方有交代了，就不再来了。恰恰相反，他喜欢一个地方，便会常去，且感觉常去常新。

春夏秋冬，四时景致不同，同去的人不同，视角不同，笔下的情怀也有不同。

初冬，苏东坡从雪堂出发，准备回临皋亭，有两位朋友同行。霜露已降，树叶全无，明月高悬，将他们的身影倒映于地上，大家边走边吟诗作对，亦是快乐。

苏东坡想：这月色皎洁，清风吹拂，夜晚如此美好，我们怎么度过呢？

一位友人说："今天傍晚，我撒网捕到了鱼，大嘴巴，细鳞片，形状就像吴淞江的鲈鱼，这可是不错的美味，不过到哪里去弄酒呢？"

苏东坡便回家和妻子商量，妻子说："我有一斗酒，保藏了很久，为了应付您突然的需要。"

他们一行人，携带着酒和鱼，再次乘船到赤壁游览。时为冬日，江水滔滔，陡峭的江岸高峻直耸，礁石嶙峋，与秋日所见又不相同。

船渐渐靠近岸边，苏东坡撩起衣襟上岸，踏山岩，拨野草，向山上行去。他有时蹲在虎豹形状的怪石上，又不时拉住形如虬龙的树枝，攀上猛禽做窝的悬崖，下望水神冯夷的深宫。

朋友并未跟上，苏东坡独自立于极高处，他只觉心中生出豪气，便大声长啸，草木震动，高山共鸣，那长啸声于深谷中回响声不绝。

风起，江上波浪汹涌，苏东坡回到船中，任其漂流，见有鹤飞过。是夜，有梦：道士穿着羽毛衣裳……

黄州赤壁，目之所见，心之所得，便是如潮文思，汹涌澎湃。

又一日，苏东坡与儿子去赤壁探险。

他攀岩而上，看那断崖壁立，江水深碧，有时遇到巨蛇，亦不为惧。

在山的险要处，他徒手而上，儿子跟在他身后，持剑相随，非常紧张。他扭头对儿子笑笑，意为安慰。

有两只猛禽被惊起，为护自己的巢而扑向苏东坡二人，二人躲过那利喙大爪，巨大的黑翅又扫过一阵风，幸亏躲得及时，否则必被伤到。

即使如此，二鸟的叫声凄厉，回荡山间，极为惊心。

这样的探险，苏东坡乐此不疲，儿子苏迈担心父亲的安全，时时处处谨慎护卫，直至登顶。苏东坡立于山顶俯瞰，大江依旧滚滚而来又滔滔而去，浪头一个接一个涌上，赤壁矶头惊涛澎湃，雪浪冲天。

苏东坡遥想东汉末年，乱世之中，三分天下，战火不休。赤壁之下，无数生灵涂炭，羽扇纶巾，谈笑间，樯橹灰飞烟灭。

如今，沉沙折戟已不复存在，自己却在赤壁看着滚滚长江水东流，回思东汉建安十三年（公元208年）发生的著名的"赤壁之战"。

眼前，分明有周郎麾下的战船，冒着熊熊的火光，向着曹军水寨驶去。

曹操的军队列阵于长江，战舰相连，军旗猎猎。

周瑜安之若素，从容不迫。他头戴纶巾，手摇羽扇，运筹帷幄，指挥若定……曾经那喊杀声，战鼓声，呻吟声，大火点燃战船的"噼啪"声……交织在苏东坡的耳边。

苏东坡忍俊不禁，他开始高唱：

"大江东去，浪淘尽，千古风流人物。故垒西边，人道是，三国周郎赤壁。乱石穿空，惊涛拍岸，卷起千堆雪。江山如画，一时多少豪杰。

"遥想公瑾当年，小乔初嫁了，雄姿英发。羽扇纶巾，谈笑间，樯橹灰飞烟灭。故国神游，多情应笑我，早生华发。人生如梦，一樽还酹江月。"

在这小城的江边，迎面是浩荡的长风，脚下是奔流的江水，他回想世事的变迁、宦海沉浮的人生历程，满腔的诗情，积聚于胸，他要把对历史和人生的感悟都凝聚在长江边的赤壁，他要发出响彻千古的天籁之音。

他一下笔就高视阔步，气势浑雄，以豪放的气势，告诉人们，词这个东西，绝不是只能在酒边花间做一名奴隶。要有"大江东去，浪淘尽，千古风流人物"的气势。

一个卓越的开头，至今为止，仍然像丰碑似地屹立在中国文学发展史的大道上，被誉为"铁琴铜琶"。

战争是残酷的，谈笑之间，樯橹灰飞烟灭是残酷的，而小乔与周瑜相伴多年，当年"小乔初嫁了"，是英雄与美人的绝配。

苏东坡的内心是透亮的，他从不忽视女性在历史中所占的位置，他是要让小乔这个久久站在三国英雄视野之外的美丽女性走入英雄的、历史的画卷之中。

立于赤壁矶头的苏东坡，他眼中的江边赤壁，"乱石穿空，惊涛拍岸，卷起千堆雪"，如此雄奇壮丽！

然而，那冬季的月夜赤壁，"江流有声，断岸千尺，山高月小，水落石出"，又如诗如画。

他又一次于月夜泛舟，"白露横江，水光接天，纵一苇之所如，凌万顷之茫然，浩浩乎如凭虚御风而不知其所止，飘飘乎如遗世独立羽化而登仙"。

赤壁处处有景有情，处处情景交融，实足令人神往。

他从江中回看赤壁，"小舟横截春江，卧看翠壁红楼起"。

苏东坡赤壁怀古，那千古风流人物既被大浪淘尽，则一己之微岂不可悲？

苏东坡却另有思考：既然千古风流人物也难免如此，那么一己之荣辱穷达复何足悲叹！人类既如此殊途而同归，则汲汲于一时功名，不免过于迂腐了。

黄州赤壁是否为赤壁之战故地，他并无考据，"人道是"三字下得极有分寸。

对于赤壁之战的故地，一直争议很大。一说在今湖北蒲圻县境内，已改为赤壁市。但今湖北省内有四处地名同称赤壁者，另三处在黄冈、武昌、汉阳附近。苏东坡所游是黄冈赤壁，他似乎也不敢肯定，所以"人道是"三字引出以下议论。

苏东坡赞周瑜之儒雅淡定，由周郎的意气风发，想到自己坎坷不遇，故有"多情应笑我"之句，语似轻淡，意却沉郁。

沉郁但不沉溺，苏东坡观景抒情，察觉到自己的悲哀，很快他便回转过心境。

再伟大的人物，放到历史深处，亦是沧海一粟，他从小的视角上升到大的范畴，引出结句"人间如梦，一樽还酹江月"的感慨。正如他在《西江月》词中所说的那样："世事一场大梦，人生几度秋凉。"

既然世事一场大梦，何妨"一樽还酹江月"？脱却苦闷，从有限中玩味无限，让精神获得自由。人生旷达，于自然万物间持有自然心，宠辱胜负皆如梦，随着江水流向远方……

流水年华暗转换

冰肌玉骨，自清凉无汗。水殿风来暗香满。绣帘开、一点明月窥人，人未寝，欹枕钗横鬓乱。

起来携素手，庭户无声，时见疏星渡河汉。试问夜如何？夜已三更，金波淡、玉绳低转。但屈指、西风几时来，又不道流年、暗中偷换。

——《洞仙歌·冰肌玉骨》

人生的意义在何处？这是苏轼常问自己的问题。

想当初，苏轼读书作文，为的是应考。进士及第，自然是要更上一层楼。那么考制策，于朝堂做官，为民做实事，也是人生价值所在。

苏轼对此自是践行。尊主、泽民之事，他忘躯而为之，司马光曾推荐他做朝廷头号谏臣，正是因为苏轼有一颗敏锐与勇敢的心。

如果尊主与惠民、泽民发生冲突，惠民、泽民依然排在首选。

因为此，苏轼在朝堂受到打压也在所难免。

人生不顺，受贬黄州，苏轼越发看清世事。科举制度，明明说要臣子直言进谏，但每逢科举题目，依然是些古代大道理。自己不过想实现报国之愿，臣子以忠君、爱国为己任，向君王直言时弊、指陈君过，以此匡正帝王谬误。

没想到因为"批龙鳞""逆圣听"，遭遇斥责、贬职、刑法乃至差点丧命。

想及殷商大夫彭咸，辅佐商王大戊，整饬政事，治国有绩，使商朝一度中兴，后因屡谏君王无效，抱憾投水而死。

屈原以彭咸为榜样，在《离骚》《抽思》等文中屡次提及对彭咸的追慕，发出"楚国没有明君，绝少贤人，谁也不理解我，走遍天涯海角也找不到志同道合的人，我又何必要苦苦地怀念故都，怀念宫廷，怀念君王？我报国无门，去国不忍，只有以身殉国，追随彭咸而了此一生"的感慨。

苏轼想到自己稍在诗歌里提及一点，就几乎被抓去杀头，世人误解自己为标新立异故意为之，毕竟心意难平。

时过境迁，苏轼受贬于黄州，生活于乡野之中，既忙于生活，亦回思往夕。

犹记得自己7岁时，曾遇眉州一位姓朱的老尼，自言曾随其师入蜀主孟昶宫中，一日大热，蜀主与花蕊夫人夜纳凉摩诃池上，作一词，老尼具能记之。

孟昶是后蜀高祖孟知祥第三子，五代十国时期后蜀末代皇帝。他当政时，四海升平，国泰民安。但鉴于前朝国君王衍因吏治腐败而亡国的前车之鉴，于后蜀广政四年（941年）撰写了振奋人心的"官箴"，颁于郡国，以期让官员们历历在目，"则必能隐惕于其心"，促进国家的长治久安。

　　我们先来看一看流传千年的名言："尔俸尔禄，民膏民脂。下民易虐，上天难欺。"这段话打动了宋代许多皇帝，大书法家黄庭坚写下来，被颁发到全国，让地方官刻成石碑，立在大小衙门里，警示官员们务必清正廉洁，克己爱民。

　　其实宋仁宗也好，黄庭坚也好，都借用了后蜀后主孟昶的原版，这段话原先有96个字：朕念赤子，旰食宵衣。托之令长，抚养安绥。政在三异，道在七丝。驱鸡为理，留犊为规。宽猛所得，风俗可移。毋令侵削，毋使疮痍。下民易虐，上天难欺。赋舆是切，军国是资。朕之爵赏，固不逾时。尔俸尔禄，民膏民脂。为人父母，罔不仁慈。特为尔戒，体朕深思。

　　这段文字是孟昶在公元941年写的《官箴》。

　　他文采卓然，可窥一斑。

　　当年才7岁的苏轼听得老尼当时聊天，只记得"冰肌玉骨，自清凉无汗"，对词语意境的敏感，使得他即使四十年过去了，老尼早已驾鹤仙去，也依然会想及此句。

　　此时，他生活于民众之中，身畔又有爱妾王朝云为伴。

　　王朝云，自幼家贫，沦落于歌舞班中，其天生丽质，聪颖灵慧，能歌善舞，虽混迹烟尘，却独具清新洁雅的气质。

宋神宗熙宁四年（1071年），苏轼因反对王安石新法而被贬为杭州通判。一日，他与几位文友同游西湖，宴饮有歌舞班助兴，丝竹悠扬，舞女们广袖徐舒，轻歌曼舞，而王朝云则以其艳姿与舞技独领风骚。

舞罢，众舞女入座侍酒，王朝云恰转到苏轼身边，这时的王朝云已换了另一种装束：洗净浓装，黛眉轻扫，朱唇微点，一身素净衣裙，清丽淡雅，楚楚可人，别有一番韵致，仿佛一股空谷幽兰的清香，沁入苏轼因世事变迁而黯淡的心。

当时，本是丽阳普照，波光潋滟的西湖，由于天气突变，阴云蔽日，山水迷蒙，成了另一种景色。湖山佳人，相映成趣，苏轼灵感顿至，挥毫写下了传颂千古的描写西湖佳句。

此后苏轼对王朝云备极宠爱，收为侍女，于黄州纳为妾。

因夫人王闰之安排，两人夜宿船上。

登水船，对轩窗，水波滔滔，月光如银。沐浴更衣，神清气爽。此时王朝云暮歌而舞，夜风温情，良辰美景，佳人肌肤胜雪，明月窥人，真是帘卷西风，暗香浮动。

这样的俏佳人，有着冰一样清莹的肌肤，玉一般润泽的身骨，那舞动的身姿如此优美，那弹琴的素手，如此灵动。于此炎炎夏日，王朝云在苏轼眼里亦自是遍身清凉，全无汗染之气。

想及《庄子·逍遥游》："藐姑射之山，有神人居焉。肌肤若冰雪，绰约若处子。"此时用来形容王朝云，一点也不为过。

苏轼望着眼前人，化用其意，以夸张的手法，真实而生动地将曾经记得的以花蕊夫人为主题的词，自然而然的接了下去。

冰肌玉骨，自清凉无汗。水殿风来暗香满。绣帘开，一点明月窥人，人未寝，欹枕钗横鬓乱。

起来携素手，庭户无声，时见疏星渡河汉。试问夜如何？夜已三更，金波淡，玉绳低转。但屈指西风几时来，又不道流年暗中偷换。

这《洞仙歌》满纸情与色，明是写孟昶怕热，夏天建造水晶宫。夜晚，皎月在天，宫中夜明珠又闪闪发光。他和花蕊夫人月下相携的情景，他眼中，月下的花蕊夫人姿容清雅，飘逸如仙，冰肌玉骨，自清凉无汗。

那后宫佳丽三千，皇帝专宠一人也不是没有理由。花蕊夫人长得美，还很会揣摩"圣意"，孟昶穷奢极欲，暴殄天物，连溺器都饰以八宝。在声色、饮馔方面，更喜立异求新。于是，花蕊夫人别出心裁，独创的菜肴如"绯羊首"（红烧羊头）、"月一盘"（新鲜薯片）等都深得圣心喜悦。

花蕊夫人爱牡丹和芙蓉，孟昶便发诏令，在成都遍种牡丹和木芙蓉，春去秋来，姹紫嫣红，四季如春。

花蕊夫人不仅美丽动人，其机智也过人。花蕊善诗，她有《宫词》近百首，写嫔妃、宫人、内监、文官、宫中种种习俗和赏心乐事。其词作一改宫廷词作的幽怨之气象，充满了安逸和情趣，一派岁月静好，安享太平。

苏轼身边的王朝云何尝不是又一位"花蕊夫人"？

他们牵手于月下信步，或者流连于水岸桥边，有时，苏轼也独自带着王朝云去当地的高楼，望远方的美景。

朝云善舞，苏轼善词，词出即谱曲，朝云闻歌起舞，唱和之间，苏轼望着王朝云窈窕的身姿，美丽的容颜，也是要醉了。

他的政治理想虽然进入低迷之状，但并不妨碍爱情来临时的动人心魄。

苏轼的诗文，鲜提儿女私情。即使心中情感炽烈，也需按捺。自家情事，借古人典故书来，也写得高雅，别有深意。

且不问人生的意义在何，生活叫我们活着，必要去热爱它，热爱它给予的甜蜜，也于苦难中，享受美好。

有佳人为伴，有朋友往来，农夫，山泉，有点田。

有时，苏轼牵着王朝云的纤纤玉手，漫步在寂静的庭院，看那稀疏的流星渡过银河岸。

三更已过，月波淡淡，玉绳星随着北斗低旋。屈指掐算，秋风不知何时已送来寒意，不知不觉，流水年华在暗中偷偷转换。

而美境纵来，情况又随之有变了。

他借花蕊夫人叹时光流逝、怕青春老去，实际上更是抒发自己人生无常的怅惋之情。苏轼如此大张旗鼓地写这样一首词，再往深处想：花蕊夫人本是孟昶的宠妃，后蜀灭亡，花蕊入宋，以"十四万人齐解甲，更无一人是男儿"的诗句，令赵匡胤大为倾倒。

孟昶暴亡，花蕊成了太祖的贵妃，据说跟太宗赵光义也有瓜葛。这样一个与三个皇帝有绯闻的"亡国之妃"，苏轼坦然地把她写得冰清玉洁，爱情美好，并为坊间广为传唱，礼教对情感有严格约束的当时，没有一个道学家跳出来说三道四，可见苏轼高明之处。

宋末张炎著《词源》一书评苏轼词"清空中有意趣""清丽舒徐，高出人表"。其中这首《洞仙歌》即是备受称誉的一首。

他自隐杼机，让人睹神龙之形而不能察神龙其身，从而为自己逸兴走笔、暗寓情怀创造了条件。

人生易老，时光易逝。苏轼有意寄怀，以他的通达，让自己在现实缺陷中追求想象中的美境，由此，真切感受到当下生活的幸福美好，使自己内心丰盈，充满快乐。

最是一年春好处

莺初解语，最是一年春好处。微雨如酥，草色遥
看近却无。

休辞醉倒，花不看开人易老。莫待春回，颠倒红
英间绿苔。

——《减字木兰花·莺初解语》

28岁，是奔向而立的年龄，是精力最为充沛的年龄，是对
未来充满热情的年龄，是建功立业的年龄。

宋仁宗嘉祐八年（1063年），苏轼时年正是28岁。

自21岁进京应试，一举成名，欧阳修对苏轼极为欣赏，
不止一次夸赞："此人可谓善读书，善用书，他日文章必独步
天下。"

名师效应再加上苏轼文采卓越，他一时声名大噪，每有新
作，立刻就会传遍京师。

母病故，守孝三年，归京。

嘉祐六年（1061年），26岁的苏轼应中制科考试，即通常所谓的"三年京察"，入第三等，为"百年第一"，授大理评事、签书凤翔府判官，也就是知府的助理官，相当于副知府。

自从到了凤翔，苏轼的日子渐渐安定下来，这个判官的职位又没有什么繁重公务，他那喜欢游玩的心，又闲不住了，他得出外遨游。而他有时会因公务需要，到邻近各地视察，这正中苏轼下怀。

他一路边工作，边畅游。太白山和黑水谷一带的寺院，以及周文王的故里都留下了苏轼的足迹。

苏轼听说西安附近有著名的终南山，内有寺院，院内有珍奇的手稿，对于苏轼这样喜欢文游的人来说，更是不能错过的一场文化盛宴。寻僧访道是苏轼的乐趣之一，能够结交友人，欣赏珍藏的吴道子画像，正是心中所盼。

终南山风景优美，如今春回大地。苏轼游走山间，那山中树木青绿，山崖边，小溪边，处处都披盖绿衣，显得生机勃勃。

苏轼沉浸在这静谧的山中，有几只鸟在山谷中轻啼，这样的时候，至山中古寺，寺是开元寺，寺中多古物、古画，又有珍奇的手稿。苏轼在这里听僧道着琴弹奏，与友人在溪堂共饮，是为人生之乐。

日落时分，苏轼要回家了。他独自穿行在山林中，斜阳照在他身上，那涌在心头的思绪也开始由口中颂读出来，诗声回荡在山林之间，随风飞扬，扩散至天际去了。

年富力强的苏轼心里总像燃着一团火，生平第一次独自生活，只与娇妻稚子在一起。他饱读诗书，胸中自有丘壑，他想放歌，想成就一番伟业，他想证实自己的能力。

年轻的他，涌动着那份想做一番事业的雄心。这样的心情，这样的愿望，使他无法沉静下来。

做官滋味，并不如他梦想的那么美妙。虽然远离京都的骚扰杂乱，但在外县充任判官，签署公文，审问案件，工作并无什么趣处，颇使人感到厌烦无味。

也只有和弟弟苏辙写信的时候，他方能将自己的所见所闻所感都倾诉出来，才又感觉欣喜振奋。

苏辙收到哥哥的来信，便给哥哥写了一首诗《闻子瞻重游终南山》。

终南重到已春回，山木缘崖绿似苔。
谷鸟鸣呼嘲独往，野人笑语记曾来。
定邀道士弹鸣鹿，谁与溪堂共酒杯。
应有新诗还寄我，与君和取当游陪。

苏轼读了弟弟的信，见字如面，他打算应弟弟诗中所说"应有新诗还寄我"，于是在工作之余，又出门踏青去了。

初春时节，这凤翔的春景与别处并没有什么不同。

微雨自天而降，细细密密，如牛毛，如银丝。林中有莺鸟啼叫，仿佛在报告着春天来到的喜讯。地上的小草也探出细细嫩嫩的小脑袋，远远看去，一片青绿，走近了，却发现那极少的稀薄的草，并不能覆盖地皮。

这早春，出现古人诗里，各有不同，苏轼脑海里冒出许多赞美早春的诗句："人闲桂花落，夜静春山空。""人间四月芳菲尽，山寺桃花始盛开。""两个黄鹂鸣翠柳，一行白鹭上青天。"……

然而，脑中诗与眼中景并不相似，那雨是如酥的细雨，那草色遥看近却无，韩愈的《早春》"天街小雨润如酥，草色遥看近却无"真是最贴切不过。

苏轼迎着细雨，抬头望天，心中有词：

莺初解语，最是一年春好处。微雨如酥，草色遥看近却无。休辞醉倒，花不看开人易老。莫待春回，颠倒红英间绿苔。

这是黄莺叫醒的春天，万物复苏，苏轼此时借用了韩愈的诗，但格调却完全不同。

虽然春天可有早春、阳春、晚春之分，一如花开花落，何尝不是与人生的兴衰一样道理？

韩愈说早春显然是春天中最好的时令，苏轼也觉得极是，强调"最是一年春好处",并且说要在这个时候"醉倒",得乐且乐,不负时光。

既然来到凤翔,在这样的春光里,与妻与子生活平安,又有朋友可以拜望,有诗可作,有画可赏,呼吸着终南山的新鲜空气,领略大好春景,人生此时,怎么能错过这美妙春光?

苏轼不仅自己赞美这早春,还不忘记劝世人尽赏春光。

"休辞醉倒,花不看开人易老。"是说不要借"醉倒"沉醉之故,而拒绝去看春花。不看春花,就意味着失去了花会给人的青春活力,意味着时光易逝,人走向衰老。"人生易老天难老",人于世间走一趟,也只是如白驹过隙一般。

清醒如苏轼,他用那带有醒世之意的语言,劝人不要等待落花时节,触目伤怀,颠之倒之。要把握青春年华、在人生中最美好的时光,潇洒走一回。

美好景色总怡人、悦人。不要推辞会醉倒在这个季节. 花是不经开的,人是容易老的。活着是要感受每一天的快乐的。不要等到浓烈的春天回到大地时再触目伤怀,你我颠倒唏嘘、百般感慨在"红英凋零、绿苔如茵"之间。

路上行人来来去去,或挑担,或赶路,或游春……春色迷人,那就尽情陶醉在这春光中,悠闲,醺醺然,深陷其中,自得这春之妙趣吧。

第二章 手足情由无限事

月缺如歌，月圆是画。孤光洒清辉，柳下是相约，举杯共邀月，对影成三人。有心不远，天涯咫尺。一轮圆月道破万千语，唐诗宋词，低吟浅唱的都是「明月千里寄相思」。

夜雨何时听萧瑟

不饮胡为醉兀兀？此心已逐归鞍发。归人犹自念庭帏，今我何以慰寂寞？

登高回首坡陇隔，惟见乌帽出复没。苦寒念尔衣裘薄，独骑瘦马踏残月。

路人行歌居人乐，僮仆怪我苦凄恻。亦知人生要有别，但恐岁月去飘忽。

寒灯相对记畴昔，夜雨何时听萧瑟。君知此意不可忘，慎勿苦爱高官职。

——《辛丑十一月十九日既与子由别于郑州西门之外马上赋诗一篇寄之》

大千世界，红尘滚滚，于芸芸众生、茫茫人海中，能够成为兄弟，相互了解，彼此走近，实是缘分。

在人来人往，聚散分离的人生旅途中，在各自不同的生命轨迹上，有一种情谊叫兄弟情，那是王维笔下的"遥知兄弟登高处，遍插茱萸少一人"。也是杜甫笔下的"孟氏好兄弟，养亲唯小园。承颜胝手足，坐客强盘飧"。

兄弟有情，更是"三叠阳关声堕泪，十年骨肉情何厚"。

在苏家，和苏轼一起长大一起读书，与他关系最密切的是他弟弟苏辙。

通过大数据整理发现，苏轼诗词中出现频次最高的词语便是弟弟苏辙的字"子由"。他们兄弟之间从小到大，甚至顺逆荣枯过程中深厚的手足之情，是苏轼毕生歌咏的题材。

他们忧伤时相互慰藉，患难时相互扶助，别离时，写诗互寄，以通音信。

《宋史·苏辙传》称赞苏轼兄弟的情谊："患难之中，友爱弥笃，无少怨尤，近古罕见。"

性格上，弟弟苏辙恬静冷淡，稳健实际，在官场上比兄长得意，官位更高。

宦海浮沉，荣枯与共，苏辙冷静机敏，常向兄长忠言规劝，使苏轼受益颇多。

少时二人居家读书，苏轼与弟弟之间，亦师亦友。曾在诗中言："我少知子由，天资和且清。岂独为吾弟，要是贤友生。"

苏辙对哥哥亦是："我初从公，赖以有知。抚我则兄，诲我则师。"

志同道合的兄弟，同读书，共赴考场参加科举考试。

那是一个冬雪纷飞的日子，天气寒冷，兄弟二人在前往京城的路上，看看日头西斜，路经渑池，马却死了，他们骑着蹇驴长途跋涉，举步维艰。前方一座破旧的寺庙在青天下孤独地立在荒野之中。

苏轼看看天色已晚，转头对身畔的苏辙说："一路劳顿，颇是辛苦，我们不如就寄宿在那庙中，待到明日天明再继续赶路。"

苏辙亦觉路长人困，需要休息，点头表示赞同。他们趋驴奔向寺庙。

当夜，两人留宿古寺。一星孤灯，显得寺院格外寂寂。两人安顿好住处，便并肩在寺庙中闲步。兄弟二人一时兴起，遂在寺庙墙壁上题诗留念。

寺中有一老僧，热情地与兄弟二人交流。

苏轼、苏辙二人与老僧畅叙，他们谈人生，谈世情，亦谈理想。老僧智慧的谈吐，充满禅意的思想，都使苏轼受益匪浅。

转眼几年过去，仁宗嘉祐六年（1061年），朝廷任命东坡为大理评事，签书凤翔府判官，有权连署奏折公文。

苏辙也被任为商州军事通官。

任命一下来，兄弟俩有些犯难了。两个人都要远去外地，而父亲苏洵在京城为官，这父亲身边无人，如何放心得下？

兄弟二人商量，鳏居的老父不能一人独自留在京都，必须有一个人留下来，照顾父亲。

"那我就辞谢外职，照顾父亲。"弟弟苏辙主动要求承担起照顾父亲的责任。

这夜，摇曳的烛光下，兄弟二人安排着别离的事宜。

面对即将到来的别离，兄弟二人纵有千言万语亦不知如何说起。在命运的安排下，兄弟必须分离，这总让人伤情。

"没关系，三年只是弹指一挥间。"苏轼乐呵呵地安慰着依依不舍的弟弟。

"兄长在外，也不要倔犟，凡事可忍则忍，与民办实事，且不要得罪自己的上司。"弟弟殷殷关切。

"爱别情偏苦，生离最可伤"，面对离别，柳永在他的慢词《雨霖铃》里感慨："多情自古伤离别，更那堪，冷落清秋节！今宵酒醒何处？杨柳岸，晓风残月。此去经年，应是良辰好景虚设。便纵有千种风情，更与何人说！"

但兄弟二人却充满乐观，"虽然我们离开了，但是依然可以继续联系，我们用写信的方式，把彼此的生活状况进行交待"。

他们还约定，经常互相寄诗一首。在诗中，互相唱和，在唱和之时，要用同韵同字。

苏辙拍手称赞。

次日一早，子由早早起身，为兄嫂赴任送行。

"弟弟请回吧，前途尚远。"

苏辙的马跟在哥哥的车旁，他看看天，又看看远方。

"还是再送送，时候尚早。"

就这样，苏辙一直将哥哥送到离京城一百四十里的郑州西门外。

眼看郑州城已在前方，东轼又一次催促弟弟回程。这平生第一次分手，兄弟二人皆有诸多不舍。

弟弟刚离开，苏轼的思念就如影随形。

虽然不曾饮酒，却觉得头脑昏沉、神思恍惚，想到弟弟回去的路上，虽然是寂寞的归途，但回去以后，还可以陪伴家中的老父，而自己却行走在异乡的旷野，再无亲人陪伴，这份孤独难以言说。

站在高处眺望弟弟返回京师的身影渐行渐远，最后，连那忽隐忽现乌帽也看不见了，苏轼的内心渐渐升起了担忧。

天冷月寒，弟弟独自骑着瘦马回去，身边无人陪伴说话，身上的衣裳又单薄，弟弟的寂寞自己也无法去纾解。

身边行人渐渐多了起来，路边不断有人从身边走过，他们欢歌笑语，全家团聚，其乐融融，身边的僮仆随自己去上任，心情很愉快，满以为即将到任做官的主人更心花怒放，他哪里知道苏轼内心凄恻。

童仆欢快，也惹得苏轼对童仆责怪起来。

童仆安静下来，不敢高声语，生怕又惹主子不高兴。苏轼低着头，骑在马上，暗自想，人生别离这是正常的事，可是，时光流逝，何年相聚？

"今夜寒灯相对，你可会想起怀远驿中我们曾经相约的誓言？何时才能一同再听夜雨萧瑟之音啊？"

他在离开弟弟之后，即写下抒发离愁别恨的诗篇《辛丑十一月十九日既与子由别于郑州西门之外马上赋诗一篇寄之》。

> 不饮胡为醉兀兀？此心已逐归鞍发。
>
> 归人犹自念庭帏，今我何以慰寂寞？
>
> 登高回首坡陇隔，惟见乌帽出复没。
>
> 苦寒念尔衣裘薄，独骑瘦马踏残月。
>
> 路人行歌居人乐，僮仆怪我苦凄恻。
>
> 亦知人生要有别，但恐岁月去飘忽。
>
> 寒灯相对记畴昔，夜雨何时听萧瑟。
>
> 君知此意不可忘，慎勿苦爱高官职。

这首诗前四句以突兀笔触人题，直抒离别情深。表达着自己的心已追随弟弟归鞍驰往汴京去了，真是心逐归鞍，见恋亲情重。

"归人"比较"今我"，又加一层。弟弟即将见到亲人，自己从此远离庭帏，更难以承受思念亲人之苦。苏轼运用对比手法，进一步突出了离亲之苦。

苏轼回望弟弟别离的身影，裘薄、马瘦，月残，别后的弟弟多么凄冷寂寞，令人心酸！

岁月飘忽，设想未来，时间会很快过去，兄弟也会早日团聚。

当年兄弟参加科举考试，寓居怀远驿时，一夜风雨并作，兄弟二人读韦应物诗，有感于即将远离，于是"夜雨对床"相约：勿恋高官，以免妨碍弟兄欢聚。

苏辙《逍遥堂会宿并引》说："辙幼从子瞻读书，未尝一日相舍。既壮，将游宦四方，读苏州诗至'安知风雨夜，复此对床眠'，恻然感之，乃相约早退，为闲居之乐。"

苏辙这段话，苏轼此时想来，更是触发手足之情的媒介，"夜雨对床"频繁地出现在苏轼的诗词作品中，成了他一生的企望和未了的心愿。

宋代许顗《彦周诗话》："此（指《诗经·邶风·燕燕》'之子于归，远送于野，瞻望弗及，泣涕如雨'四句）真可泣鬼神矣。张子野长短句云：'眼力不如人，远上溪桥去。'苏轼送子由诗云：'登高回首坡陇隔，惟见乌帽出复没。'皆远绍其意。"

兄弟情深，回首引望，恋恋不忍，形于诗者，行人已远而故人不复可见，惜别之意，手足之情，力透纸背。

兄弟别离之后，书信往来，他们约定用固定韵脚的字，各行要有自然的层次。犹如在玩纵横字谜一样，韵用得轻松自然时，其困难正足以增加乐趣。

弟弟苏辙给哥哥写诗一首《怀渑池寄子瞻兄》。

> 相携话别郑原上，共道长途怕雪泥。
>
> 归骑还寻大梁陌，行人已度古崤西。
>
> 曾为县吏民知否？旧宿僧房壁共题。
>
> 遥想独游佳味少，无方骓马但鸣嘶。

苏辙在该诗自注中写道："昔与子瞻应举，过宿县中寺舍题其老僧奉闲之壁。"因为当年19岁时曾被任命为渑池县的主簿（由于考中进士，未到任），又经过这里，有访僧留题之事。

所以在诗里写道："曾为县吏民知否？旧宿僧房壁共题。"

这些经历是偶然还是必然？他充满了疑惑，也是表达心中的感慨。同时在首联中抒发了他与兄长依依惜别的难舍之情。

相携话别郑原上，共道长途怕雪泥。这个"怕"字含有双关涵义，一是人生道路艰难，二是一种无可奈何。

苏辙的这首诗的主题是怀旧，是回忆，又是惜别。

回忆当年曾为县吏，回忆共题僧房，数年光景恍如昨日，不免令人感叹，又惜别哥哥独游，想必这趟旅程是佳味少了，不过有什么办法呢？

一踏入仕途，就像棋盘上的棋子，只能任人摆向各个位置，实在身不由己，骓马走累了可以鸣嘶，但人因属人管，不能摆脱命运的安排。苏辙诗中无处不体现出对人生感叹！

苏轼接到信后，给弟弟写诗相和，他按规定用"泥"和"西"两字做韵脚，写出了《和子由渑池怀旧》。

> 人生到处知何似，应似飞鸿踏雪泥。
> 泥上偶然留指爪，鸿飞那复计东西。
> 老僧已死成新塔，坏壁无由见旧题。
> 往日崎岖还记否，路长人困蹇驴嘶。

弟弟诗中提到的旧寺，苏轼旧地重游。可是他发现当初热情接待他们老僧却已仙逝，寺里替老僧盖了一座新塔，当年苏轼兄弟题诗的庙壁破损，再也见不到旧日的题诗了。

苏轼百感交集回应弟弟的诗，感慨人生在世如飞鸿，充满了不可预知，就如鸿雁在飞行过程中，偶一驻足雪上，留下印迹，而鸿飞雪化，一切又都不复存在。

苏轼虽然对人生发出了疑问和感喟。但他转念想，人生有着不可知性，并不意味着人生是盲目的，过去的东西虽已消逝，但并不意味着它不曾存在。

那崎山道上，骑着蹇驴，在艰难崎岖的山路上颠簸的经历来说，亦是一种历练，一种经验，一种人生的财富呀。

人生虽然无常，但不应该放弃努力，事物虽多具有偶然性，但不应该放弃对必然性的寻求。事实上，若不经过一番艰难困苦，又怎能考取进士，实现抱负呢？这就是苏轼：既深究人生底蕴，又充满乐观向上。

"子由，还记得当年道路崎岖，长长的路上，我们困倦，那头慢腾腾的驴子长声嘶叫吗？还记得夜雨对床，我们的相约吗？"苏轼向弟弟这轻声一问，便让时光迅速倒流，他们虽然相隔两地，却一定会漾起同一个微笑。

何事长向别时圆

　　明月几时有？把酒问青天。不知天上宫阙，今夕是何年。我欲乘风归去，又恐琼楼玉宇，高处不胜寒。起舞弄清影，何似在人间。

　　转朱阁，低绮户，照无眠。不应有恨，何事长向别时圆？人有悲欢离合，月有阴晴圆缺，此事古难全。但愿人长久，千里共婵娟。

　　　　　　　　　　——《水调歌头·明月几时有》

　　徐志摩写过一首诗《好久不见》："走着走着，就散了，回忆都淡了；看着看着，就累了，星光也暗了……"人生没有长久的宴席，聚散两依依，离别是必然的，而重逢，却是期待已久的。

　　苏轼与苏辙兄弟俩辗转在各地为官，虽说久别重逢非少年，可是，时间如白驹过隙，分别已经七个年头了，久别的兄弟却连重逢的机会都没有。

神宗熙宁七年（1074年）9月，苏轼在杭州的任期届满。弟弟苏辙正在山东济州任职，那颗思念苏辙的心如此迫切，使得苏轼主动要求调到山东密州（今诸城，宋时辖胶西、高密、安丘、诸城、莒县五县）任职，不久，他被任命为该州的最高长官"知州"。

这种"争取"与众不同：想来，苏轼在杭州时出门是舟楫画舫，住的是画栋雕梁，上有天堂，下有苏杭，自古以来，这里是满目迷人的湖光山色。

而到密州后，出行是车马劳顿，住的是木屋草房。出门所见，尽是桑麻遍野，荒山连绵。尽管如此，苏轼依然满怀期待，他想着，到此处为官，离弟弟工作的地方更近一些，兄弟两就可以经常互相走动走动。

那年的12月3日，天寒地冻，这是北方最为荒凉的季节。路上到处都是一片冬日的萧索，从杭州到密州，路途遥远，苏轼经过三个月的长途跋涉，终于抵达密州。

新官刚上任，迎接他的并不是平安、富裕、百姓安居乐业的密州。

田野上干裂的土地张着一张张巨口，仿佛诉说着土地的饥饿。路上的行人面黄肌瘦，当地百姓食不果腹，衣不蔽体，流离失所，饿殍遍地。

他还来不及嗟叹自己的命运多舛，便为这里遭受的严重旱灾和蝗灾而忧心忡忡。

苏轼立即将实际情况写成奏章，呼吁朝廷减免赋税。

他忘记了与弟弟的相会之事，忙于组织百姓生产救灾，并拨出库粮，还收养那些无家可归的儿童。

心怀百姓安危的苏轼，全力以赴，尽职尽责地做着朝廷命官该负起责任，全然没有才子的倨傲和诗人的浪漫。

经过一年多的努力，密州的灾情基本得到控制，百姓的负担有所减轻，社会秩序也明显好转。

为民做实事的苏轼，自己的生活状况却是窘迫。做官以来，他家中日益贫困，吃穿都不及以往。

起初到密州，以为可以吃顿饱饭了，然而厨房里空空如也，吃饭仍令人担忧。没有吃的怎么办？苏轼并不觉得生活困苦，公务之余，苏轼便跟同僚刘庭式一起，到城边荒废的菜园中挖野菜吃。

他们弯着腰，埋着头，在荒草中寻找可食的野菜，每有发现，都似大有收获，日子苦是苦了点，苏轼却并不以为意，他一边挖野菜，一边和刘庭式谈笑风生，苦中作乐。

苏轼把他的"以苦为乐"思想，提升为极富教益的人生哲理，用以指导自己，影响他人，改善民生。

他曾在《后杞菊赋并叙》中说："人生一世，如屈伸肘。何者为贫，何者为富？何者为美，何者为陋？或糠核而瓠肥，或粱肉而墨瘦……吾方以杞为粮，以菊为糗。春食苗，夏食叶，秋食花实而冬食根，庶几乎西河南阳之寿。"

此时的苏轼，人至中年，年轻时愤怒与苛酷的火气已渐消，内心更多了一些安详平和与顺时知命的心境。

对待苦难，与其怨天尤人，不如变成对大自然之美的喜悦与生活中的乐事的享受，不必过于执着荣辱得失，过好当下，洒脱做人。

在密州的为官的日子，除了忙于公务，他依然爱好游历于自然之间。

只要有短暂的闲暇时光，他便出去走走。密州的山山水水到处都留下了他的足迹。

听说，这里有一条潍河，是当年楚汉相争时，韩信与龙且大战潍水的潍河，他特意去那里游览一番。

面对这些自然灵秀之地，苏轼那颗豪迈的心，便生出无数的诗情和画意来。足迹能够抵达的地方，便有诗词留下。对于一颗充满诗心的人来说，无论是寻常山水，还是历史遗迹，一经他题咏，便有了文化精气。

不知不觉，又至中秋。皓月当空，银辉遍地，想想从古到今，每逢这个节日，都是家人团聚的日子。

古往今来，关于中秋的神话传说凄美异常，关于中秋的诗词歌赋也大都带着团圆的味道，丝丝香甜。

当年，自己离开美丽富饶的杭州，强烈要求调任到离苏辙较近的密州为官，本是以求兄弟多多聚会，转眼到密州也有两年了，兄弟相见的这一愿望仍无法实现。

苏轼端起酒杯，遥对明月。

遥对明月的当然不止他一人，当年李白的《把酒问月》有："青天有月来几时？我今停杯一问之。"李白问月，语气舒缓，苏轼想飞往月宫，所以语气更关注、更迫切。"明月几时有？"他把酒对着青天，问起这天上的宫阙何年何月？

其实，苏轼并不善饮酒。他在《题子明诗后》说："吾少年望见酒盏而醉，今亦能三蕉叶矣！"

蕉叶，是一种浅底酒杯，盛酒有限，且那时的酒，浓度低，少年见酒杯就醉了，后来也只能饮些许而已。

文人与酒，常不离左右。苏轼饮酒，并不只是追求自己的飘飘然，他说："予饮酒终日，不过五合，天下之不能饮，无在予下者。然喜人饮酒，见客举杯徐引，则予胸中亦为之浩浩焉，落落焉，酣适之味，乃过于客。"（《书东皋子传后》）

他还说："吾饮酒至少，常以把杯为乐。往往颓然坐睡，人见其醉，而吾中了然，盖莫能名其为醉为醒也。在扬州时，饮酒过午辄罢，客去，解衣盘礴，终日欢不足而适有余。"（《和饮酒二十首并序》）

杯酌之娱，娱在看别人饮他的酒之乐。杯酌之娱，亦在视友之尽兴，为已之淋漓酣畅。

苏轼饮酒，是愿意与人同乐的饮，是自然得真趣的饮。

此时月明中天，庭院桂子飘香，诗文之娱，酒食之味，声色之美，山水之趣皆比不上他对弟弟的思念之甚。

借着那微醺的酒意，苏轼那份飘飘然，陶陶然的状态，使他想要乘御清风于天空。广寒宫里的美玉砌成的楼宇，多么凄凉孤寂，我要是上得九天，哪受得住那高天之冷。

苏轼摇摇而舞，玩赏月下清影，觉得这时候的月下之景，哪像是在人间呢？

心潮澎湃的苏轼，酒意越发浓了，月儿转过朱红色的楼阁，低低地挂在雕花的窗户上。

苏轼并无睡意，想着自己这近二十年的官场生活，想着弟弟与自己分别不能团聚。不由地置问起月亮："明月不该对人们有什么怨恨吧，为什么偏在人们离别时才圆呢？"

苏轼面对一轮明月，心潮起伏，乘酒兴正酣，挥笔写下了《水调歌头·明月几时有》这首名篇。

明月几时有？把酒问青天。不知天上宫阙，今夕是何年。我欲乘风归去，又恐琼楼玉宇，高处不胜寒。起舞弄清影，何似在人间。

转朱阁，低绮户，照无眠。不应有恨，何事长向别时圆？人有悲欢离合，月有阴晴圆缺，此事古难全。但愿人长久，千里共婵娟。

苏轼此时目光与心光，随月光移动，明澈地注视着一切悲欢离合，他叹："此事古难全。"他又微笑："但愿人长久，千里共婵娟。"

从古到今，中秋赏月感怀思人的诗词不少，李白《月下独酌》说："我歌月徘徊，我舞影零乱。"苏轼的"起舞弄清影"就是从这里脱胎出来的。

《水调歌头·明月几时有》既有热爱生活、积极向上的乐观精神，也饱含苏轼由于政治失意，理想不能实现，才能不得施展，对现实产生一种强烈的不满，滋长了消极的思想。

如果弟弟在身边，两人把酒言欢，也着实快乐。

可是人生失意，月亮却圆，子由在哪？酒入肠，不愁，唯有相思，更深！

此词上片望月，下片怀人，怀念的便是弟弟子由，由中秋的圆月联想到人间的离别，同时感念人生的离合无常。

但苏轼的豁达不允许他沉溺于负面情绪不肯出来，相反，他很快便话锋一转，"人固然有悲欢离合，月也有阴晴圆缺。自古以来世上就难有十全十美的事"。

南朝谢庄的《月赋》："隔千里兮共明月。"苏轼借题发挥，"但愿人长久"是要突破时间的局限，"千里共婵娟"是要打通空间的阻隔。

我和弟弟共对一轮明月，虽然天各一方，但心却相连。

月圆人不圆的事是寻常的，张九龄有："海上生明月，天涯共此时。"许浑也说："唯应待明月，千里与君同。"

但愿人人年年平安，相隔千里也能共享着美好的月光。

这里既有对弟弟的思念，也有对人间所有受着别离苦的人传递着美好祝愿。

苏轼的这首词，有理趣，有情趣，耐人寻味，数百年来传诵不衰。

吴潜《霜天晓角》："且唱东坡《水调》，清露下，满襟雪。"

《水浒传》第三十回写八月十五"可唱个中秋对月对景的曲儿"，唱的就是这"一支东坡学士中秋《水调歌》"。

所有过着中秋的中国人，每每读着《水调歌》，何尝不是悠然会心？

这是完全中国式的、对于现世无常、殷切而又温暖的答案。而于苏氏兄弟，其中更饱含着思念、理解、互勉的心意。

更结来生未了因

圣主如天万物春，小臣愚暗自亡身。百年未满先偿债，十口无归更累人。

是处青山可埋骨，他年夜雨独伤神。与君世世为兄弟，更结来生未了因。

——《予以事系御史台狱，狱吏稍见侵，自度不能堪，死狱中，不得一别子由，故和二诗授狱卒梁成，以遗子由》

漫漫人生之途，总有一些人，面对措手不及的飞灾横祸，手足无措，甚至想过一了百了。

苏轼也曾有过此念。他是一位乐观的人，何以想到要轻生呢？这就不得不提《乌台诗案》。

苏轼为官，一向耿直，他直言进谏，为民请愿的上表，皇帝对他的文采极为欣赏。但一些反对派和小人却想尽办法，欲置苏轼于死地。

元丰二年（1079年），苏轼43岁，调任湖州知州。上任后，他即给皇上写了一封《湖州谢上表》。诗人苏轼，秉性纯正，官样文章，亦带个人性格，"愚不适时，难以追陪新进""老不生事或能牧养小民"。

本是普通说辞，但，对于想在文章里挑刺的人来说，必能生出些事端。

文中自谦地说："此盖伏遇皇帝陛下，天覆群生，海涵万族。用人不求其备，嘉善而矜不能。知其愚不适时，难以追陪新进；察其老不生事，或能收养小民。而臣顷在钱塘，乐其风土。鱼鸟之性，既能自得于江湖；吴越之人，亦安臣之教令。敢不奉法勤职，息讼平刑。上以广朝廷之仁，下以慰父老之望。臣无任。"

意思是说："幸亏皇上懂我，知道我这个人迂腐不堪，不能跟新进干部一起工作；又知道我这人不喜欢惹是生非，只适合到地方上做点民生类的具体工作，所以才派我来湖州上班。

"皇上你放心，我在这边一定好好工作，奉公守法，勤政爱民，既要体现朝廷的仁爱，也不辜负乡亲们的期望。"

对于这篇公文，苏轼怎么也不会想到，它竟然给自己带来杀身之祸，差点命送黄泉。

"知其愚不适时，难以追陪新进。""察其老不生事，或能收养小民。"

御史中丞李定，绞尽脑汁罗织苏轼的罪名，甚至亲自到坊间购买苏轼的诗集，不分昼夜研究苏轼写下的每一个字。当年，他儿子曾去徐州攀附苏轼，受到冷落，狼狈而回，早就怀恨在心。

况，李定是右相王珪的人，王珪也在神宗面前力诋苏轼。

如此一来，他们的说辞："难以追陪新进，就是看不起现在当差的这些官员；察其老不生事，就是说现在的官员喜欢惹是生非。"神宗怒火顿起。

7月28日，苏轼在湖州上任才3个月，就被御史台的吏卒逮捕，解往京师，受牵连者达数十人。这就是北宋著名的"乌台诗案"（乌台，即御史台，因其上植柏树，终年栖息乌鸦，故称乌台）。

在扬州渡江时，当夜，月色皎洁，江上风高浪大。开船之后不久，船停在江上修理船桨，苏轼在船头徘徊，他左思右想，此次皇帝派人追查，能判自己什么罪呢，平素与朋友交往，来往书信，交换诗文颇多。

既然言论自由，日常书信也有隐私权，在这些书信、诗文中偶尔发发牢骚，表达一些对当政的不满也是有的，如果这些都被查抄出来，这个案子会牵连好多朋友，不如跳下江去，一了百了。

船随波涛起伏不定，苏轼稳住身子，又转念一想，倘若自己跳下水去，必给弟弟招致麻烦。我这当哥哥的不能承担责任，乞不辜负了弟弟？我死后子由必不独活。

苏轼按下心中的惴惴不安，任由官家折腾。

苏轼7月28日由官家逮捕，8月18日送进御史台的皇家监狱。审问期很长，前后四十几天。

苏轼于狱中，遭遇狱卒毒打、垢辱通宵，施刑具，算"诗账"，一时间，苏轼被折磨得体无完肤，精神与肉体都受到非人的折磨。

看押苏轼的狱卒心肠善良，对他十分恭敬，待他亦十分周到，每到晚上，给他热水洗澡。

儿子每日去狱中探望父亲，并送来饭菜。苏轼与儿子暗中约好：每日送些蔬菜和肉食饱腹，倘若闻知坏消息，那日送鱼去，苏轼心中便有底数。

日子窘迫，家中经济堪忧，儿子苏迈有些日子离开京城去别处筹钱，父亲送饭之事，苏迈便委托朋友去办。他忘记叮嘱且莫送鱼给父亲食用。

这日，朋友又去送饭，考虑菜式需要换些花样，便送去熏鱼。

苏轼如寻常那般，打开食盒一看，面色顿惊。

此番送鱼而至，必是事情恶化，看来此次是凶多吉少了。

这顿饭，苏轼胃口全无，他左思右想，过往种种如云烟在胸中荡过。虽身逢盛世，自己身为微臣，写诗竟然惹祸上身，真是愚蠢的自蹈死地。如今方至中年，便将殒命，算是提前偿还了前生的孽债，但是一家老少十多口人无人照料，从此就要拖累弟弟来抚养了。

他转念又想，人生在世，总有一死，死何足道哉？放眼看去，这世间青山都可以埋葬骨骸，只是当年与弟弟相约夜雨对床的盟誓再也无法实现，此后夜雨潇潇的时刻，子由只能独自伤心了。但愿与子由世世代代都做兄弟，把未了的因缘付诸来生！

苏轼伤神之后，打起精神，与狱卒商量，可否备好笔墨，他要给弟弟写诀别诗。

狱卒感其伤悲，心亦生同情，即刻备好苏轼所需之物。

苏轼展纸研墨，提起笔来，一挥而就。

圣主如天万物春，小臣愚暗自亡身。百年未满先偿债，十口无归更累人。

是处青山可埋骨，他年夜雨独伤神。与君世世为兄弟，更结来生未了因。

他悲从心来，措辞悲切，嘱托弟弟好好照顾一家十口，自己的孤魂野鬼将独卧荒山听雨泣风号，此生兄弟情未了，更愿世世为手足。

在诗里，他细心地表示以前皇恩浩荡，蒙受已多，无法感激图报，实在惭愧，这次别无可怨，只是自己之过。

信送至子由手中，子由读罢，心潮翻涌，感动万分，他忍不住伏案而泣。他多想替兄长担当罪责，可是，几次上书，请代兄受过，帝王并未应允。

狱卒将诗送达，见子由已阅，随后将此诗携走。因狱卒按规矩必须把犯人写的片纸只字呈交监狱最高当局查阅。

苏轼坚信这些诗会传到皇帝手中。结果正如他所料，皇帝看了，十分感动，生恻隐之心，他沉思片刻，遂生一计。

这日，审问完毕之后，当夜，暮鼓敲过，苏轼正欲入眠，忽见一人走进屋子。此人神秘莫测，并无多言，只是在地上扔一小箱为枕，着地则睡。

苏轼想，此人必是新来的囚犯，亦不去管他，躺下即睡，片刻鼾声响起。

四更时分，苏轼被人推头唤醒，那人对他说："恭喜！恭喜！"

苏轼翻过身子，纳闷地问他喜从何来？那人答："安心睡，别发愁。"言罢，带着小箱子又神秘地离开。

苏轼出狱方知，他刚受弹劾时，舒亶和另外几个人，想尽方法劝皇帝杀他。但皇帝根本无杀苏轼之意，暗中派宫中一个太监到监狱里去观察他。

那个人到苏轼屋子之后，苏轼安然入睡，且鼻息如雷。他回去立即回奏皇帝说苏轼睡得很沉，很安静。

皇帝就对侍臣说："我知道苏东坡于心无愧！"

此之谓心底无私天地宽，又有救援人士"力挺"苏轼无罪，王安石亦上书："安有圣世而杀才士乎？"

他劝告皇帝，哪有圣明的盛世杀掉有才之士的呢？

就这样，在大家共同的努力下，这场诗案最后因王安石"一言而决"。

在旧年除夕，苏轼被释出狱，在监中共度过4个月又20天。苏轼安全地走出了东城街北面的监狱大门，在大门外，他停了一会儿，嗅着外面新鲜的空气，微风吹拂，喜鹊叽喳啼叫，他从鬼门关走了一回，又回到了人间，心里止不住的欢喜。

自由真好，能与弟重聚，真好！

他那颗充满诗意的心，又开始赋诗了……

中秋谁与共孤光

世事一场大梦，人生几度秋凉。夜来风叶已鸣廊，看取眉头鬓上。

酒贱常愁客少，月明多被云妨。中秋谁与共孤光，把盏凄然北望。

——《西江月·世事一场大梦》

月缺如歌，月圆是画。孤光洒清辉，柳下是相约，举杯共邀，对影成三人。

有心不远，天涯咫尺。一轮圆月道破万千语，唐诗宋词，低吟浅唱的都是"明月千里寄相思"。

《水调歌头》千万念，只为"但愿人长久，千里共婵娟"。

时光只把人抛，苏轼的那一阕"明月几时有，把酒问青天"的清词，已唱响大江南北，中秋年年有，月同境不同，把盏北望，弟弟不在身边，而思念依然丝丝于心中蔓延。

以词为书信，是宋词传播的一道风景线。

苏轼在黄州的中秋，又想起曾经那个在院门口准备着离家赶考的少年，此时已然是一身疲累。"世事一场大梦，人生几度秋凉。"苏轼叹息着吟诵出这一句。

一切皆如白驹过隙，雪后飞鸿，人生只是天地间偶然的飘蓬，人生如梦，怎么能执着于现实中的得失荣辱？苏轼心中无数次告诉自己，要超脱于具体的万事万物，使自己内心趋于平衡。

又一个秋天来临，时间的流逝磨蚀着有限的生命，不断遭到排挤打击的人生际遇，怎一个"凉"字了得。

面对这人生命运的起伏不定、变幻莫测，面对着内心某时的寂寞与寒冷，大江如镜，奔涌之间尽是些苍凉心事。

他越来越多地回想起自己的一生，自己的少年光景，自己的人生往事。

兄弟手足情深，当年不离不弃，如影随形，而如今，弟弟子由也因自己的案子，被降调高安担任筠州监酒。

监酒只是一个很小很小的官，官营酒场里的一个小小掌柜。兄弟两曾经的雄心壮志都得不到施展了，他的日子过得如何？是否和我一样艰难？

当初，弟弟与自己通信，早就提醒自己了："哥，为何上次你写的诗里，那位私用农民贷款的儿子，会在城内就把积蓄挥霍一空呢？青苗法里不是规定了贷款必须要用在种植林桑方

　　　　　　　一蓑烟雨任平生：苏东坡词传

面吗？"

面对当初弟弟的质疑，苏轼坐在窗前给弟弟回信。

"子由，你难道不知道吗？各市县那些精明的官员，贷款的放款处就设置了一条街的酒馆青楼啊。不经过那些花花世界，百姓们就贷不到款。远在乡间的父母不知道情况，少年没见过世面，被那些花招连蒙带哄，等回家之时，还能剩些什么钱买粮买种呢？"

此时，夜深人静，油灯如豆，童年时拾回来砚台依在，而曾经的少年如今已经是白发微霜，虽名贯天下，却已报国无门。

这世态的风险，这百姓的疾苦，都在眼底心上，他写奏章给皇帝请求治理，也写诗来揭露，只是为民请愿，直抒胸臆，怎知会得罪那些做着苟且之事的官员？

苏轼自到黄州，生活更是清寂，生活问题接踵而来。经济上的窘迫，使日子过得更加艰难。虽然大儿子苏迈已经成家，但是两个小儿子苏迨、苏过还是十几岁的孩童，吃喝用度，家里十几张嘴等着米下锅。

一家人入住临皋亭。苏轼在给友人的信中写道："寓居去江无十步，风涛烟雨，晓夕百变。江南诸山在几席，此幸未始有也。"

文面上读来，果真是美景佳处，但事实却是一个很简陋的驿亭。太阳直射，江风浩烈，冬冷夏热，哪能久住？

但好就好在，住在这里不要房钱。如此一来，减轻了苏轼一家住房的压力。后来徐太守在这房子边上加盖了一个书斋给苏轼用，书斋亦四面透风，江风吹来，夏天尚好，冬日便亦然冷如冰窖。

面对如此境遇，苏轼并不觉得艰苦，午睡初醒，于榻上望向江中，风帆无数，水空相接，苍茫久远，颇有诗意。

性情里的豁达与死里逃生之后的感悟历久沉淀，让苏轼越来越会苦中作乐。

在他心中，这临皋亭外，江水滔滔，这江水一多半是从峨眉山化雪而生的水。我本是四川人，天天吃用这江水，也是用着故乡峨眉山的水。瞧，虽身处黄州，如在家乡。

苏轼一向对江水风月极是喜欢，化景入胸，正道是，江水风月本无常主，谁有闲情去欣赏，那谁就是它们的主人。

可是，内心深处，苏轼的失落却是又沉又深。

苏轼环顾身边，冷落清秋的夜里，凉风吹打着庭院里的树叶，在空旷的长廊里发出凄凉的回响。

苏轼取过镜子，镜中人两鬓已然爬满了白发，"人生何处得秋霜"苏轼对镜而问。

一杯清酒，两鬓白霜，月色清寒，长廊空寂，苏轼孤独的身影与黯淡灯光连同那清寒的月光，都使得苏轼想对子由说些什么。

一曲《西江月》，何尝不是对这人生的一场感叹，对弟弟的殷殷思念？

世事一场大梦，人生几度秋凉。夜来风叶已鸣廊，看取眉头鬓上。

酒贱常愁客少，月明多被云妨。中秋谁与共孤光，把盏凄然北望。

中秋，谁与共这孤光？月下共此时的，一定还有子由。

可是"酒贱常愁客少，月明多被云妨"。这"酒贱"是因为"人贱"，身遭贬斥，受人冷遇，哪敢与故人来往？

当初许多为自己请愿的朋友都被连累，被贬的，罚金的，降职的都有，自到黄州，怎么能再去连累友人？"客少"情深，不是不想联系，是生怕对朋友造成坏的影响。

政治上受迫害，孤苦寂寥，凄然北望之中，思弟之情，忧国之心，身世之感，交织在一起。

一想到小人当道，君子遭谗。苏轼心中的失落与不满在这静寂的夜里，在这皓月当空之时，清秋的寒气阵阵袭人之际，心中的孤独凄凉之感难以排遣。

"月明多被云妨"呀！苏轼有着深深的政治愤懑情绪。小人当道，欺瞒主上迷惑视听排斥忠良。苏轼为自己忠而被谤，谪居偏地黄州，政治抱负难于发挥而深感忧伤苦闷，而此情此景，唯有对月把孤盏聊以解忧愁了。

苏轼渴望着与兄弟一诉衷肠，无奈远贬黄州的他只能在北望中借明月遥寄相思。

天涯同一月，相思两地情，遥望却不能与之相聚，明天却又要面临现实中太多的痛苦与无奈，苏轼因而陷入更为深沉的悲凉之中。

遗下时光的回声，慨叹世事如梦，或是自我排遣之语，或为往古来今之思，读来往往觉其放达，而不觉其悲切。

苏轼以历尽沧桑的语气写出《西江月·世事一场大梦》，加上几度秋凉之问，风叶鸣廊，忽觉人生短暂，已惊繁霜侵鬓。

他那浮生若梦的感叹，并非看破红尘的彻悟，而是对自身遭际有不平之意，从而深感人生如梦境般荒谬与无奈。

越过千山万水，总会峰回路转，苏轼虽感叹世事一场大梦，但他的此篇佳作却传诵千年……从月缺走进月圆，从悲凉走向豁达。

与君池上觅残春

清颍东流，愁目断，孤帆明灭。宦游处，青山白浪，万重千叠。孤负当年林下意，对床夜雨听萧瑟。恨此生，长向别离中，生华发。

一尊酒，黄河侧。无限事，从头说。相看恍如昨，许多年月。衣上旧痕余苦泪，眉间喜气占黄色。便与君，池上觅残春，花如雪。

——《满江红·怀子由作》

人的一生，是充满别离的一生。人总要长大，长大就意味着要外出读书，要远离家乡，要走更远的路，看更广阔的世界。有别离才有聚首，究竟是一次又一次的别离，还是一场又一场的相逢？或许，都是！

苏轼的一生，贯穿着别离。人在官场岁月催，不胜人生一场醉，他与子由总是聚少离多。

元祐五年，苏辙为御史中丞，六年为尚书右丞，七年为门下侍郎，一直在朝。

元祐五年，苏轼还在杭州治理西湖，兄弟两不在一起。

元祐六年，苏轼杭州任上期满后，被朝廷召回了京城，一度在京任翰林学士，知诏诰，兼侍读。

朝廷中那些政敌开始恐慌，他们见苏家两兄弟都位居高官，势必对自己造成威胁，于是对苏轼兄弟二人展开了猛烈的攻击。兄弟二人相聚不久，见此阵势，决定请辞出京，以免受人猜忌。

但，政敌并不放过他，苏轼愈是要求离京，政敌们愈觉形势严重，他们甚至说苏轼上表辞职，是想借此施压谋求相位。

皇帝身边是非多，苏轼极不愿意待在那个充满是非纷争的地方，他多次上表请求将自己外放。在不停地争取下，于八月五日以龙图阁学士知颍州（今安徽阜阳）军州事。

颍州天地颇为广阔，天清云淡，野花茂盛，绿草肥亮，但降雨量少，田中，草的长势较之作物犹盛。

苏轼此行心情并不见佳，做出再次离开子由的选择，也是迫不得已。

前往颍州的时候，苏轼写下了这样一段话记录当时的心情。

"嘉祐中，予与子由同举制策，寓居远怀驿，时年二十六，而子由二十三耳。一日，秋风起，雨作，中夜翛然，始有感慨离合之意。自尔宦游四方，不相见者，十常七八。每夏秋之交，风雨作，木落草衰，辄凄然有此感，盖三十年矣。元丰中，谪居黄冈，而子由亦贬筠州，尝作诗以记其事。元祐六年，予自杭州召还，寓居子由东府，数月复出领汝阴，时予五十六亦。乃作诗，留别子由而去。（《感旧诗叙》）"

苏轼回首往事感慨诸多，30年宦海沉浮，如今56岁了，又将与弟弟离别了，心中哪有新官上任的喜悦？

众亲友垂泪送行，苏轼劝说："西州路，不应回首，为我沾衣。"不必为我的离去屡次回首，亦不必为分别落泪，人生如梦，命运轮回，或许某日，我又将回到各位身边。

从京师到颍州之间的交通大都靠走水道。苏辙坐船离开，路途漫长，水中孤帆时隐时现，何时兄弟能远来相聚？想及自己宦游无根，相隔千山万水，真是望眼欲穿，"愁目断，孤帆明灭"。

感于韦应物的"那知风雨夜，复此对床眠"，自己何尝不是"孤负当年林下语，对床夜雨听萧瑟"？

当年呀，当年！苏轼的当年，与弟弟林下有约，若厌倦官场，我们就早日退休，学做陶渊明，共享闲居乐。

如今，自己宦游天涯，相隔着万重千叠的白水青山，望断孤帆明灭也终不能相见，辜负了当年林下归隐之约，不能对床同眠，共听萧瑟夜雨。怎不生恨？恨这聚少离多，不知不觉中满头白发了。

苏轼于元祐六年（1091年）8月25日抵达颍州。恩师欧阳修曾在此担任过父母官，叶落归根，亦在此定居。

想当年，自己与弟弟还来过颍州看望恩师，此番前来，物是人非，感慨万千。

苏轼大名远扬，刚至此，尚未查看当地的民情风俗，就有位僚属对他说："内翰只消游湖中，便可以了郡事。"

这话真是让苏轼欢喜，看来，自己可以在这里度过一段闲适时光。

"仁者乐山，智者乐水。"苏轼对玩水尤其喜爱。

颍水清奇，到官十日来，九日河之湄。这里的官吏和百姓与之相处甚欢，整天欢声笑语。

他曾以逝西路军政大员的身份过境润州，受到当地太守的隆重接待，当地头号歌妓高曲儿唱黄庭坚的咏茶词："有一杯青草，解流连佳客。"苏轼曰："却留我吃草。"他自己面无表情，却惹得众人大笑。

歌妓立于苏轼身后，靠着椅子笑倒，椅子跟着倒了，苏轼也倒在地上，众人更是笑得合不拢嘴。直至出了官厅，大家一想到刚才一幕，依然在笑，但苏公并不恼。

当初在京师，有位胖子同事叫顾子敦，因为胖，苏轼给他起个绰号"顾屠"，写诗说："磨刀向猪羊。"

这位胖同事经常在官厅伏案而睡，苏轼大书案上曰："顾屠肉案。"

这笑话传遍士林、市井，童谣也形容胖小孩子为顾子敦，胖墩墩……

幽默的苏轼，老是老了，到了颍州，因为喜欢水，他会从画船上俯视明镜般的水面，笑问水中身影，你到底是哪位？

一阵风过，水面波光粼粼，这风也吹乱了苏轼的胡须和双眉。似乎水中波纹分散成无数苏轼，风平浪静之后，身影再次归一。

苏轼想：这哪里是水存心将人捉弄，它不过是和我做片刻游戏。

他又想到世人为富贵荣华、声色货利所炫惑，弄得七颠八倒，跟水同样都是儿戏之物，水却不会让人本性磨损和改变。

他提笔写诗作《泛颍》，想及赵景观、陈履常和欧阳修的两位儿子都是参悟天与人的尊师，观妙各有得，共赋泛颍诗。

苏轼享受大美山川带给他的无限快乐。颍州生活，苏轼像是回到了闲居常州的那段自由自在的时光，与日月山川、清风明月、流水落花融合在一起了。

但他并不是只忙着赏水看景，那一年颍州收成不好，灾民成群结队，由西南向淮河北岸进发，农民撕下榆树皮，与马齿苋、麦麸一起煮着吃。流寇滋生，老弱病残倒于路边，年轻力壮的就加入盗匪行列。

面对这些，苏轼竭力救济灾民。

勤政爱民如他，与水有关的事也做了一件，那就是直接干预朝廷斥巨资开八丈沟的规划。因开封一带常有水患，开沟挖渠，注入惠民河，把水患移往陈州。陈州闹起水患，水利官员建议开八丈沟，将陈州水引入颍水，复由颍水排入淮河。

上级领导认为可行，征民工，拨钱粮，准备开工。

苏轼派行家实地勘察，本人亲自走访沿河村落，披星戴月，结论出来：颍水地面高于陈州，若开挖八丈沟，遇大水则倒灌，淹没陈州，威胁京都开封。

当即苏轼上《奏论八丈沟不可开状》，严谨清晰，有理有据的文章使得上级领导惊出一身冷汗，即时收回成命。

实干家苏轼立了大功，但并不会为此沾沾自喜，他当年纵横挥洒，写起诗词，旷达高远，顾盼自雄。此时苏轼已经57岁，饱经忧患，暮年深沉，兄弟之情如故，系念更甚。

他在颍州，自然不会忘记子由，《满江红·怀子由作》便因怀念子由，而为他作的词。

清颍东流，愁目断，孤帆明灭。宦游处，青山白浪，万重千叠。孤负当年林下意，对床夜雨听萧瑟。恨此生，长向别离中，生华发。

一尊酒，黄河侧。无限事，从头说。相看恍如昨，许多年月。衣上旧痕余苦泪，眉间喜气占黄色。便与君，池上觅残春，花如雪。

尊酒晤谈，把臂相看，同觅残春，这都是无数次出现在苏轼梦中的镜头。这梦是美的，兄弟相见，共饮于黄河之侧，畅谈往事，互看容颜，大有杜甫《羌村三首》"夜阑更秉烛，相对如梦寐"之意。

工作之余，闲暇之时，他的心里想着的还是与弟重逢。

衣襟上愁苦的泪痕隐约还在，但眉间喜气却已暗示你我重逢在即。待到重逢日，我定要和你同游池上，到如雪般的落花中寻觅春天的痕迹。

现实生活中辜负了当年的林下之约，苏轼便不自觉在梦境中相见了。

苏轼梦中，兄弟相携游赏，兑现林下之约，在故园的池台之上寻觅尚可追踪的"残春"。池上的残春已近尾声，片片飞花如雪。

苏轼明白，即便相见相携相赏，也终究是相顾两衰翁了。

萧瑟的词境，抵不过"花如雪"的美景。

"花如雪"下"发如雪"，那时，两老翁看着皎洁的月光漫过门槛，一片清辉将庭院洒下明亮的银霜，老屋中笑声是否依旧爽朗？

"哥，你还记得我们的约定吗？"苏辙问他。

"记得，早些还乡，一起隐退。"苏轼笑了起来。

苏辙也不再说话。

他们抬起头，天上，依然明月光。

在颍州，苏轼的梦又开始做起来了，实现那个梦想还远吗……

第三章

一往情深日月鉴

爱，不只是口头上的时时表白，我爱你！」

爱，更是生活中的感同身受。

真正的爱，或许并不只是海誓山盟，她愿意为他做一个贤内助，愿意伴随他笑对荣辱而不惊，他则懂她的付出，给予温情，并深怀感恩……

十年生死两茫茫

十年生死两茫茫。不思量，自难忘。千里孤坟，无处话凄凉。纵使相逢应不识，尘满面，鬓如霜。夜来幽梦忽还乡。小轩窗，正梳妆。相顾无言，惟有泪千行。料得年年肠断处，明月夜，短松冈。

——《江城子·记梦》

缘聚缘散，犹如云烟，生离死别，天道自然。生离的无奈令人哀愁，不期而至的死别就更令其肠断。千古悼亡诗词，最痛莫过于情深不寿。

苏东坡19岁时，与年方16的王弗结婚。妻子王弗年轻美貌，且侍亲甚孝，二人恩爱情深。

当年，上元节，灯市如昼，苏东坡兄弟于街市赏灯，猜灯谜，闻听一位女子轻声读灯谜："若要占天时，须得有人和。"女子思忖之时，苏辙觉得难猜，苏东坡却当即猜出了谜底，说："是二。"

一蓑烟雨任平生：苏东坡词传

那女子听到了苏东坡的话，但又不解，用手指在空中比划着，她猛然醒悟，说："'二''人'相和，正是'天'字啊！"

此时，两人初见，女子不好意思地低头回避，而东坡心中对女子便留下"美貌多才，温婉之致"的印象。

又一日，苏东坡与弟去眉州青神中岩寺游春。此寺背靠青山，西临岷江，景致清幽，他们正漫步小道，迎面遇女子，四目相对，都吃了一惊。女子名叫王弗，她羞涩地避开苏轼的目光。

苏东坡、苏辙随王弗之父王方一行人来到一个鱼池旁，那里挤满了围观的青年人。王方向周围一揖："诸位，这池子在我家的田亩之中，池中的鱼儿只要听到有人拍手就游过来，甚是灵异。但这池子历来无名，诸位风雅，不知可否赐名！"

"叫鱼池""看鱼池""戏鱼池"……众书生皆为池取名。苏东坡此时朗声道："何不叫作'唤鱼池'！"

这时，下人向王方递来王弗写的纸条，上面也写着"唤鱼池"三个字。

他们两人竟然不谋而合，给鱼池起同样的名字，大家皆拍手称奇。

此名一出，深得众意，苏东坡在岩石上题写了"唤鱼池"三个大字。

两人心心相映，情投意合，不久，便结为连理。

16岁的王弗光彩照人，一身大家闺秀的气派。所谓"十年修得同船渡，百年修得共枕眠"，姻缘前定，十年婚姻，夫妻恩爱有加。

年轻的苏东坡性急躁，喜怒无常。高兴了把酒言欢，不高兴了也会置气。甚至在自己的诗作里流露一些"不合时宜"的论调，自找祸端。

王弗稳健，得体大度，对丈夫照顾得很是妥帖。生活中，他们同过患难，共过生死，日日的关心，彼此爱护，王弗给予苏东坡的，不仅是悉心照顾他，更有对苏东坡的提醒。

苏东坡把人人当好人，但是王弗则有知人之明。苏东坡与来访的客人谈话之时，王弗总是躲在屏风后屏息静听。一天，客人走后，她问丈夫："你费那么多功夫跟他说话干什么？他只是留心听你要说什么，好说话迎合你的意思。"

她又警告丈夫要提防那些过于坦白直率的泛泛之交，要提防丈夫认为的"天下无坏人"的大前提之下所照顾的那些朋友"。

许是天妒红颜，天命无常，王弗27岁就去世了。这对苏东坡是绝大的打击，其心中的沉痛，精神上的痛苦无人能解。

常言说："人生何处不相逢。"但有些转身，真的就是一生。人生中的生离死别虽然是常事，但是还是会有止不住的悲伤。

生离死别，桑田沧海，生而为人，梦里却常与之相见。

风风雨雨，十年过去。

宋神宗熙宁八年（1075年），苏东坡任密州（今山东诸城）知州，年已40。人至中年。这十年间，苏东坡因反对王安石的新法，颇受压制，心境悲愤；到密州后，又逢凶年，忙于处理政务，生活困苦到食杞菊以维持的地步，而且继室王闰之及儿子均在身旁，故亦不便过多表达对亡妻的思念之情。

虽不经常提起，并不表示忘却。

"不思量，自难忘"，只有懂得人才会感同身受。十年忌辰，这是一个触动人心的日子里，往事如清泉汩汩流动，又一次涌上心间，那久蓄的情感潜流，忽如闸门大开，奔腾澎湃难以遏止。

这天，苏东坡梦中醒来后，那梦中的情形如此清晰，眉山老家那五亩园子依旧郁郁葱葱，自己闻鸡鸣便起身开始用功读书。清晨空气清新，鸟鸣于绿树之间，苏东坡的书窗斜对小轩窗，他一抬头，看见妻子王弗正对着铜镜整理晨妆，梳起长长的秀发，那娇美的身影，含羞的明眸都让人看着，喜从心来。

书窗与轩窗相对，目光与目光痴缠。

爱妻王弗在梦里对着自己，娇美动人的模样依旧在呀，可是，却说不出话来，她抬眼望见自己，那正在梳妆的手便停了下来，两个人，就这样默默望着，千言万语都堵在心口，泪却从双眸中不断地涌出。

十余载的别离，多少的日日夜夜呀！

苏东坡想想自爱妻离开以后的日子，自己每次回到家门口，习惯地扬起脸，露了笑。曾经，他的眼前总会出现一张笑脸，王弗那亲切的声音向苏轼迎来，他们揩手共进院子，留一双背影，与院中的绿树去观望了。

如今，走进院子，却只见一些高高矮矮的、没有花的绿树。上了台阶，他环顾四周，她最后一次离家的情景还历历在目……

梦中的她垂下眸子，不再看自己的郎君，哪是不想看呢? 只是怕他读书分心。

苏东坡觉得自己仿佛还站在台阶上等待着妻子走来，可是，在梦里，他也听不见妻子那清脆的笑声。

"你我夫妻诀别已经整整十年，我这样强忍不去思念，可终究难以相忘。千里之外那座遥远的孤坟啊，竟无处向你倾诉满腹的悲凉。纵然夫妻相逢，你也认不出我，我已经是风尘满面两鬓如霜。"

在妻死后的第十周年，这一年正月二十，他梦见爱妻王氏，便写下了这首"有声当彻天，有泪当彻泉"且传诵千古的悼亡词。

十年生死两茫茫，不思量，自难忘。千里孤坟，无处话凄凉。纵使相逢应不识，尘满面，鬓如霜。

夜来幽梦忽还乡，小轩窗，正梳妆。相顾无言，惟有泪千行。

料得年年断肠处，明月夜，短松岗。

　　长眠地下的爱侣，在年年伤逝的这个日子，苏东坡伤怀且追忆，那眷恋人世、难舍亲人，柔肠寸断的爱妻呀，她的美，她的好，她曾经为自己分担痛苦，给自己诸多安慰和鼓励都铭记在心。

　　她是红颜，她是知己，她亦如母亲。

　　"我有委屈、牢骚都可以向她尽情倾吐。而得到的，却是她无私的奉献和温柔的笑脸，还有她给我的安慰，对我表示信任，替我感到不平……"

　　此时亡妻一个人在凄冷幽独的"明月"之夜，只有那满山的松树陪伴，远隔千里，无处可以话凄凉。

　　曾经那些琐碎生活里，都凝结着化不去的亲情。妻子再也不会回来，而那执子之手，相濡以沫，相依为命的记忆，早已融入彼此生命，化为温暖与深情。

　　时光流转了千年，一首"绝唱"唱了千年，我们又听到了深沉的叹息，在诉说着人世间最值得感念的夫妻深情。

恰似姮娥怜双燕

去年相送，余杭门外，飞雪似杨花。今年春尽，杨花似雪，犹不见还家。

对酒卷帘邀明月，风露透窗纱。恰似姮娥怜双燕，分明照、画梁斜。

——《少年游·润州作》

人生在世，一往无前，这世上从来就没有"回头"二字，最多也只是重新开始。

苏东坡的结发妻子王弗英年早逝，留下一子苏迈，时年6岁。年轻的苏东坡生活需要有人照顾，孩子需要有人照料，于是其堂妹王闰之走进了苏东坡的生活，王闰之出嫁之前，家中称其"二十七娘"，性格温顺，知足惜福。

"闰之"这个名字，是苏东坡给她取的。她出生在庆历八年闰正月，"闰"字合其出生月份，而"闰"的字面意义是不期然而然地"增多"，对于苏东坡来说，青年丧妻，只好无奈地给孩子找个继母，也与"闰"字吻合。

闰之没读过多少书，苏东坡在哀悼第二位岳父的《祭王君锡文》中说："轼始婚媾，公之犹子。允有令德，天阏莫遂。惟公幼女，嗣执罍筐。恩厚义重，报宜有以。（《苏轼文集》卷六十三）。"

"罍"是烧茶的泥罐，"筐"为采桑用的竹筐，这两个字虽是谦辞，却恰如其分地表明闰之的当时的身份：一个擅长炊茶采桑、地地道道的村姑。

王闰之对姐姐的儿子和自己后来所生的苏迨、苏过，"三子如一"，皆同己出，苏东坡不久便重新有了和谐、美满的家庭。

王闰之21岁嫁于33岁的苏东坡，共同生活25年，这是苏东坡人生起伏最大的时期。

王闰之陪伴苏东坡从家乡眉山来到京城开封，而后辗转于杭州—密州—徐州—湖州—黄州—汝州—常州—登州—开封—杭州—开封—颖州—扬州—开封，"身行万里半天下"，她默默无闻地陪伴苏东坡度过人生最重要的阶段，历经坎坷与繁华。

王闰之虽无大家闺秀的款款风情，但她踏实温暖，为东坡打理生活一切。在苏东坡动荡不安的政治生涯中，她始终不离不弃，照顾东坡寻常生活中的饮食起居。

她朴实贤惠，任劳任怨，给他的婚姻拴上柴米油盐的"安全带"。

熙宁四年（1071年）11月28日，苏东坡抵达杭州，出任通判。第三天他便去西湖寻访恩师欧阳修所介绍的朋友——孤山诗僧惠思和惠勤。

在《腊日游孤山访惠勤惠思二僧》这篇名作里，他非常洒脱地写道：

> 天欲雪，云满湖，楼台明灭山有无。
>
> 水清石出鱼可数，林深无人鸟相呼。
>
> 腊日不归对妻孥，名寻道人实自娱。

大冬天的，天要下雪了，远山近楼都隐隐约约。在宋代，腊日是个公休日，皇上在这天赐给官员医药，平民百姓也互通有无，有诗言"闾巷家家互相馈送"。

苏东坡初到杭州，当然也需与同事、邻里多打交道，这也是人之常情。但这天，苏东坡放弃了人情往来，独自跑到孤山去寻僧会诗，还得意地说"腊日不归对妻孥"。

他可以整天不回家，什么原因呢？因为妻子闰之"闾巷"之事全能应对，自己不需要操心。

正是有了妻子的贤惠能干，自己才能远离尘世喧嚣，到清静的孤山观水赏鱼，与鸟雀相呼。

彼时，两人的结晶苏迨尚不能走路，还在襁褓之中，苏东坡大伯父苏澹的长孙又病故于京城，侄子的遗孀及两个侄孙只好由他们抚养着，老奶妈年纪又大，十几口人的家务，全然交给王闰之。

一个女子又要带孩子，又要照顾一家老小，而丈夫却可以脱身做自己喜欢的事情，苏东坡知道，自己的这份"洒脱"实在是一种幸福。

他表面不说，但诗中却忍不住要提及，能得这一切，都因为有一位好妻子呀。

苏东坡在黄州种田养牛，一日，牛生疾病，田亩无靠，他无招，闰之则说一秘方："此牛发豆斑，疗法当以青蒿做粥啖之。"苏东坡按此方子，取青蒿做粥给牛吃，果然药到病除。

王闰之不光懂医牛，还会给水牛接生。苏东坡曾对章莅说："勿谓仆谪居之后，一向便作村舍翁。老妻犹解接黑牡丹也。"据现代学者考证，此处的"黑牡丹"即名贵水牛的代称。

王闰之育二子，当初苏东坡被贬谪到黄州心情郁闷，小儿仅4岁，见到父亲从外面回来了，便迎上前嬉笑逗弄。

苏东坡累且饿，公事扰心，身心交瘁，于是就发了脾气。所谓"儿痴君更甚，不乐愁何为"，是记述闰之的话，你怎么比他还任性？回到家就生气，干嘛不找点乐子呢？

王闰之既有责怪，又有怜爱，还有对丈夫、儿子的双重关怀。接着，她就给丈夫洗净茶盏，砌上新茶，或许是端上苏东坡喜欢的密州"薄薄酒"，用融融暖意让丈夫回到家庭的温馨之中。

苏东坡感慨，觉得自己比魏晋名士酒鬼刘伶幸福多了，因为老妻比刘伶的老婆强，刘伶的老婆连酒都舍不得给刘伶喝！

这年，苏东坡时任杭州通判，因官差，要远离杭州来到润州一段时间。

那是一个寒冷的冬季，大雪封门，本不是出门的日子。

苏东坡因公务在身，要远行外地。王闰之一边打点行李，一边叮咛嘱咐。雪花一阵紧似一阵，而闰之那些关心的话语，也一句连着一句。

转眼，几个月过去了，春已至尾，杨花似雪，自己依然还在外地不能回家。

苏东坡想着王闰之那望眼欲穿的眼睛，自己对她的思念也随着这日子的漫长，越发浓烈。

原以为此次出行的时间不长，当春即可还家，可如今春天已尽，杨花飘絮，妻子一定又在门前守望，却不见人归来，怎能不叫人牵肠挂肚呢？千里相隔，只能书信相思，倚栏怀想。

苏东坡由此及彼，因自己对家人，对妻子的思念，便会站在妻子的角度来想，妻子会怎么样呢？

王闰之一定也在孤寂地思念自己，恰似姮娥在月宫孤寂地思念丈夫后羿一样。

姮娥怜爱双栖燕子，把她的光辉与柔情斜斜地洒向那画梁上的燕巢。妻子一定羡慕双燕，而更思念远方的自己。

他忍不住，提笔写下：

去年相送，余杭门外，飞雪似杨花。今年春尽，杨花似雪，犹不见还家。

对酒卷帘邀明月，风露透窗纱。恰似姮娥怜双燕，分明照、画梁斜。

苏东坡以这首《少年游·润州作》来表达对妻子的思念之情。思念之情无处排解，只好对酒当歌以便消愁。

"对酒卷帘邀明月，风露透窗纱"，佳人不在，可那颗思念的心却更甚，不能相互陪伴，只好对酒"邀明月"。

春寒料峭，风露透过窗纱带来阵阵凉意，苏东坡此时更加眷恋起妻子的温柔。

王闰之伴随苏东坡经历了人生漫长的岁月，无论是乌台诗案，还是被贬南方，苏东坡的身边总有这个贤妻良母的陪伴。

结发妻子王弗的去世让苏东坡消沉了一段时间，但是王闰之的填补让他的生活重新有了起色。

夫妻偶尔分别，不曾见面，但书信往来是必不可少。

离家已经两个多月时，他收到王闰之寄来的信，喜悦异常，打开书信，仿佛那纸上飘满爱妻的芳香，那字里行间，都是妻子对他的关心与叮咛。

王闰之虽是普通人家的孩子，但亦并非不通文墨，她的书信写得声情并茂，情意绵绵，苏东坡读了一遍又遍，既有欢喜，也有赞赏。写下了一首《减字木兰花（得书）》。

晓来风细。不会鹊声来报喜。却羡寒梅。先觉春风一夜来。
香笺一纸。写尽回文机上意。欲卷重开。读遍千回与万回。

这封回信亦是充满快乐，且对妻子既有由衷地赞赏，又有无限的思念。

"香笺一纸。写尽回文机上意。"据《晋书·窦滔妻苏氏传》记载，前秦秦州刺史窦滔，被流放外地，其妻苏蕙思念丈夫，织锦为八百四十字回文诗，宛转循环皆可诵读，寄给丈夫以表情思，后世传为佳话。

苏东坡用此典比喻妻子的书信，可见王闰之知书能文，信写得极为真切，使得诗人爱不释手，"欲卷重开。读遍千回与万回"。

闰之对苏东坡之爱是"厚醇"的，她稳重、宽厚，极有主见，她用自己的臂肘支起一个温馨的海湾，屏去外界的风浪，给"出没涛波"东坡以安谧和温暖。

爱，不只是口头上的时时表白"我爱你"！爱，其实是生活中的感同身受，爱，还是无声胜有声的理解和支持。

有些爱，从来没有海誓山盟，她愿意做他的贤内助，他则懂她的付出，并深怀感恩……

一盏寿觞谁与举

泛泛东风初破五。江柳微黄，万万千千缕。佳气
郁葱来绣户，当年江上生奇女。

一盏寿觞谁与举。三个明珠，膝上王文度。放尽
穷鳞看围围，天公为下曼陀雨！

——《蝶恋花·泛泛东风初破五》

花有重开日，人无再来时。这天，东风渐起，天气渐渐转
暖了。又到了一年中的第一个"初五"。

这是王闰之的生日，江柳微黄，<u>丝丝缕缕</u>，似万缕相思，
惠州的南方，春来得早，苏东坡想着，王闰之出生的那天，江
边的柳枝已经开始抽出嫩芽了。可是，伴随自己二十余载的王
闰之却不在身旁了，举起福寿的酒盏，与谁一同庆贺？

当年，彼此相遇在眉州青神，那是美丽的故乡呀，有着秀
美的江山，蜿蜒的岷江穿境而过，王闰之走在漫天曼陀花雨
中，如此美丽动人。这青翠山岭，这碧水屏滚，这温柔娴静的

女子，相依相伴，那是多么美好的过往。

此时，苏东坡身处惠州，却不忘记亡妻生日，她已去世三年了。

天气依然清凉，早春乍暖还寒，苏东坡带着朝云一道买鱼去放生，以使王闰之的亡魂得以超度。

满池的鱼在水中游弋，挨挨挤挤，偶尔有几条鱼跳出水面，溅起一朵朵水花。这鱼多水浅，但愿这放生的诚心感动上苍，能够下一场雨，让这鱼儿能更自由地游动。

朝云陪着苏东坡，一边将鱼儿放入放生池，一边在心中祈祷，祈祷王闰之灵有下知，得以安眠，她也在祈祷王闰之保佑身边的这个男人，能够健康平安地度过一生。

苏东坡看着自己放生的鱼很快融入更多的鱼群中，他对王闰之的感恩之情，却并没有减弱分毫。

往事历历在目：自己与王闰之一起生活的25年，正是自己一生中最困难的时期，先因政见不合自请出京，接着是九死一生的"乌台诗案"，然后流放黄州……经济最困难时，她和自己一起采摘野菜，赤脚耕田，变着法子给自己解闷。

还记得一天晚上，堂前梅花盛开，月色鲜霁，王闰之叫苏东坡请朋友到花下饮酒。她懂得苏东坡，知他喜朋好友，此时春月正美，约友来赏月，丈夫一定极为高兴。

她对苏东坡说："春月胜如秋月，秋月令人凄惨，春月令人和悦。"

苏东坡有些意外，继而大喜，他只知道妻子将自己的生活起居打点得十分周到，对妻子在文学上并没有什么要求，没想到妻子还有这样的慧心，他含笑对王闰之说："我还真不知道你会诗。刚才你说的话，真是诗家语言。"

也许，正是受了东坡的影响，耳濡目染，心有诗意，并不会作诗的王闰之不经意间却说出了富有诗意的语言，给了苏东坡灵感，让他写了一首《减字木兰花》。

春庭月午，摇荡香醪光欲舞。
步转回廊，半落梅花婉娩香。
轻云薄雾，总是少年行乐处。
不似秋光，只与离人照断肠。

在黄州，著名的《后赤壁赋》同样有王闰之体贴周到的身影。

苏东坡因与客游赤壁，有客无酒，有酒无肴，月白风清，怎么度此良夜？其中一位说："趁薄暮，咱们撒网捕鱼，至于酒，怎么办？"

王闰之就说："我有斗酒，藏之久矣，以待子不时之需。"

苏东坡携酒与鱼，复游于赤壁之下，才有了我们今天得以欣赏流传千古的《后赤壁赋》，其实包含了王闰之的功劳。

在湖州，苏东坡遭逮捕时，官差允许苏东坡出发前回归家门，看看家人。根据苏东坡在笔记上记载，他到家时，全家正在大哭，苏东坡向他们笑着说出下面一个故事，安慰他们：

在宋真宗时代，皇帝要在林泉之间访求真正大儒。有人推荐杨朴出来。杨朴实在不愿意，但是仍然在护卫之下起程前往京师，晋见皇帝。

皇帝问道："我听说你会作诗？"杨朴回答道："臣不会。"他想掩饰自己的才学，他是抵死不愿做官的。皇帝又说："朋友们送你时，赠给你几首诗没有？"杨朴回答道："没有。只有拙荆作了一首。"

皇帝又问："是什么诗，可以告诉我吗？"

于是杨朴把临行时太太作的诗念出来。

更休落魄贪杯酒，亦莫猖狂爱咏诗。

今日捉将宫里去，这回断送老头皮。

王闰之听见这首诗，不由得破涕为笑。

苏东坡这是安慰王闰之，不要担心，皇帝对他无害。当然，苏东坡也是在这紧张的时刻，为妻子营造轻松的气氛，使得妻子不再那么害怕。

后来，家人避难到了安徽宿县，御史台又派人搜查他们的行李，找苏东坡的诗、书信和别的文件。当时，士兵把船包围起来时，并在搜查时，把包裹打开，把里面的东西乱扔，女人和孩子们怎么能不害怕？

作为苏东坡的妻子，王闰之此时也很气愤："这都是写书招惹的。他乱写东西有什么好处？把人都吓死了。"

王闰之焚烧他的手稿，后来苏东坡发现残存者不过三分之一而已。

苏东坡湖州被逮，事出突然，再加上"州郡望风，遣吏发卒，围船搜取"故意制造的恐怖气氛，王闰之和家人当时处于非常惊恐的状态中——"老幼几怖死"，情急之下将招致灾祸的诗书"悉取烧之"应该属于正常反应，完全在情理之中。

苏东坡虽然知道后很难受，但并未因此而责怪王闰之，相反，面对与他生死与共、相濡以沫的王闰之，他在狱中写的绝命诗中牵挂的除了弟弟，就是老妻王闰之："额中犀角真君子，身后牛衣愧老妻。"苏东坡并不怪老妻，而是愧对老妻。

在黄州的艰苦岁月，是王闰之的体贴、周到、能干，使苏东坡度过了危机，因而才有苏轼对王闰之"子还可责同元亮，妻却差贤胜敬通"的由衷称赞。

王闰之给自己的有照料，有呵护，还有灵感。因乌台诗案，许多朋友远离着自己，只有王闰之一直陪伴在身边，安慰自己，呵护着自己。

往事历历在目，年近花甲的苏东坡，已经过了感情外露的年龄，同时在修心、悟道方面已取得极高成就，创作经验也更加丰富，他追忆亡妻王闰之，尽管内心对她的感情如此深切、对她的离开如此悲痛，写下的悼词词作却内敛深情。

泛泛东风初破五。江柳微黄，万万千千缕。佳气郁葱来绣户，当年江上生奇女。

一盏寿觞谁与举。三个明珠，膝上王文度。放尽穷鳞看圉圉，天公为下曼陀雨！

苏东坡心中的王闰之，是"奇"女子。

作为母亲，她是良母，她一视同仁地对待三个儿子。爱不分彼此、没有厚薄，"三个明珠，膝上王文度"。

做为妻子，王闰之虽然出身农家，却具有大家风度，无论丈夫是受贬落魄，还是飞黄腾达，王闰之都能处之泰然。牛衣耕织，从不埋怨，锦衣玉食，也不惊喜。

此时此刻，追忆故人，沉痛之极的"一盏寿觞谁与举"道不尽深深思念，书不完苏东坡对王闰之的情真意切。

王闰之的灵柩一直停放在京西的寺院里，十年后，苏东坡去世，苏辙将其与王闰之合葬，实现了祭文中"惟有同穴"的愿望。王闰之终于和苏东坡合葬一处。

冰肌自有仙风骨

> 玉骨那愁瘴雾，冰肌自有仙风。海仙时遣探芳丛，倒挂绿毛幺凤。
>
> 素面常嫌粉涴，洗妆不褪唇红。高情已逐晓云空，不与梨花同梦。
>
> ——《西江月·梅花》

千百年来，咏梅诗词众多，诗词佳作皆对梅的质洁、梅的不惧风霜、梅的暗香萦绕，梅的占尽风情、梅的无意争春却报春……有着不同的诠释。

苏东坡咏梅诗作亦有许多，如"春来幽谷水潺潺，灼烁梅花草棘间。一夜东风吹石裂，半随飞雪度关山""何人把酒慰深幽？开自无聊落更愁。幸有清溪三百曲，不辞相送到黄州"。

此咏梅诗写于苏东坡被贬黄州之时，明写梅花，暗喻自己的不幸遭遇。

木秀于林，风必摧之。小人的嫉妒与陷害，并不使他屈服，他自比梅花，傲骨挺立，迎向春天。

梅花不仅喻苏东坡，也喻朝云。

宋绍圣元年（1094年）10月2日，苏东坡又一次被贬，此次远在惠州。

此时，苏家的仆从、丫鬟各得银两，各奔前程，朝云却不离不弃，跟随苏东坡翻山越岭，长途跋涉去那"穷山恶水瘴疠地"的惠州。

千里伴南行，忠贞始如一。苏东坡深怀感叹，作诗道："不似杨枝别乐天，恰台通德板伶元；阿奴络秀不同老，天女维摩总解禅。"

苏东坡与朝云自杭州相遇，转眼二十年过去了。当年，那个黛眉轻扫，朱唇微点，一身素净衣裙，清丽淡雅，楚楚可人的朝云，仿佛空谷幽兰在东坡心中绽放。

那日西湖天色本是丽阳普照，波光潋滟，可是天气说变就变，转瞬，阴云蔽日，山水迷蒙，成了另一种景色。

湖山佳人，相映成趣，苏东坡灵感顿至，挥毫写下了传颂千古的描写西湖的佳作《饮湖上初晴雨后》："水光潋艳晴方好，山色空蒙雨亦奇；欲把西湖比西子，浓妆淡抹总相宜。"

虽写西湖，而苏东坡心中的西子何尝不是朝云？

苏东坡与朝云后来的交往甚多，此事很快传到王闰之耳中，她极大度，既然苏东坡中意朝云，那就把她接到家里来好了！

就这般，朝云结束了逢场作戏的歌妓生活来到苏家，那年才12岁。

她不会做家务，王闰之便亲手教她。不会写字读书，苏东坡便亲自上阵，细心指点。聪明的朝云很快便学会这些。

在苏家，良好的氛围使朝云如幽莲般尽情绽放，美丽动人。大才子秦观见到朝云后，不禁发出了"美如春园，目似晨曦"的感叹。

朝云不仅美艳，又能歌善舞，苏轼每有新作，朝云便会给他献上精彩的歌伴舞表演。朝云的到来，给苏东坡的生活添了无限的乐趣。

一次，苏东坡退朝回家，指着自己的腹部问妻妾："你们有谁知道我这里面有些什么？"一答："文章"。一说："见识。"

苏东坡摇摇头，朝云笑道："您肚子里都是不合时宜。"苏东坡闻言赞道："知我者，唯有朝云也。"

朝云深知，经历生死沉静的人生变故之后，苏东坡对于高官荣宠已视之淡然，仕途上春风得意的背后，隐藏着他对人生祸福相倚的忧惧，对物质富有的厌弃和精神生活之空虚的种种感触。

虽然朝云比苏东坡小26岁，但自去苏家，她始终跟随苏东坡颠沛流离，毫无怨言。如今至惠州生活，此地物质生活相当贫瘠，"食无肉，病无药，居无室，夏无寒泉"。日子虽清苦，但苏东坡历经磨难，内心旷达。他们到惠州不久便开始对生活乐趣进行搜寻。

西湖成了一个最好的去处。他喜欢带着朝云漫步湖边，泛舟烟波。两个人兴致勃勃地流连于各处，若发现与杭州西湖相似的景致就为其取上相同的名字，在这青山绿水，烟波澜影之间，他们活得依然幸福洒脱。

苏东坡在惠州创作了大量的诗词作品，最为经典的莫过于《蝶恋花》："花褪残红青杏小，燕子飞时，绿水人家绕。枝上柳棉吹又少，天涯何处无芳草。墙里秋千墙外道，墙外行人，墙里佳人笑。笑渐不闻声渐悄，多情却被无情恼。"

朝云唱此曲，每至"枝上柳棉"一句，便格外惆怅，甚至会为之落泪。

别人听的只是热闹，而朝云却感受到了藏在词中的伤境，苏东坡写的是一生的坎坷不遇，壮志未酬之境。

朝云与苏东坡居合江楼，此处雕梁画栋，檀香缭绕，绿毛幺凤挂满了红花绿树。两个外乡人很快就彻底推翻了以往对惠州的印象，谁说这里不宜生存？明明气候怡人且风景优美，处处有茂密的植物和亚热带的水果，果真是"岭南万户皆春色"。

惠州城正北挺立着罗浮山，偏东流淌着九龙泉，更重要的是这里与杭州一样，拥有一汪秀美的湖水，生活在这"半城山色半城湖"的地方，其实亦是快乐。

他们去白水山，舒舒服服地泡汤泉，他们至荔枝浦开开心心吃荔枝。朝云闭目撒娇，苏东坡就剥了喂她，她顽皮，咬住他的手指，留下浅细齿痕，他含笑，满眼皆是宠溺。

浴后肌肤色，胜过鲜荔枝，汤泉水滑洗凝脂，春宵长，日高起，恩爱夫妻亦逍遥。

绍圣三年春，朝云34岁生日，苏东坡作《朝云生日致语口号》，自比楚襄王，朝云为巫山神女。他于惠州合江楼为朝云开寿宴，宴佳客，唱颂诗，呼口号，饮寿酒……

23年的相依相伴，要怎么的爱，才有如此情深？要怎么的恋，才有如此境遇？

爱便如此，他为她，写诗填词，他称她子霞、玉人、佳人、散花天女、玉君神女……

冬去春来，花开花落，转眼两年余，生活虽清贫，心中满是情。游山玩水，题诗作画，修佛炼丹都有朝云相伴，有朝云处自有家，对，给朝云建新房，我们要"不辞长作岭南人。"

天有不测风云，朝云未及住进那所被后人称为"朝云堂"的新宅，绍圣二年7月5日，朝云突然得了瘟疫，不治身亡。

临终前，朝云握着苏东坡的手，口诵《金刚经》六如偈："一切有为法，如梦、幻、泡、影，如露，亦如电，应做如是观。"

带着对禅道的彻悟，也饱含着对苏东坡的无尽牵挂，她合上双目。

8月3日，按照朝云的心愿，苏东坡把她安葬惠州西湖孤山南麓栖禅寺大圣塔下的松林之中。

3个月后，又快到清明节了，天色阴沉，不时落起毛毛细雨，清冷的天，清冷的水，清冷的苏东坡来到惠州西湖的孤山之麓，在这泗洲塔下，松树林中，沉睡着心爱的伴侣朝云。

人去楼空墓沉沉，而那玉肌冰姿，尚有余温在心头。佳人启红唇，扣玉齿，那婉转歌喉是否唱着一曲《西江月》？

玉骨那愁瘴雾，冰姿自有仙风。海仙时遣探芳丛。倒挂绿毛么凤。素面翻嫌粉涴，洗妆不褪唇红。高情已逐晓云空，不与梨花同梦。

这是苏东坡为朝云写的悼亡词，记当日，朝云不惧"瘴雾"陪自己来此这岭南瘴疠之地。苏东坡再诉衷情，朝云艳丽多姿、不施粉黛，光彩照人的样子依然在眼前，情不知所起，一往而深，生者可以死，死亦可以生。

彼此衷情，一往而深，互为知己，如花的朝云，今归去，何复还？

苏东坡心灰意冷，朝云走了，自己虽健，却不过"使我如霜月，孤光挂天涯。西湖不欲往，暮树号寒鸦"。

失去朝云的苏东坡痛不欲生，怕睹景生情，已经很少再到西湖边去漫步，偶尔去一次，竟觉得一切都变了。

"高情已逐晓云空，不与梨花同梦。"这是多么深情的表白啊！晓云就是朝云，朝云死后，苏东坡再也不会梦到梅花了，而那首《蝶恋花·花褪残红青杏小》，他再也不听了！

第四章

结交相知君子意

这个世界上，出现的最普遍的名词是朋友，当然，最难得到的也是朋友。淮南子云：

行同趋同，千里相从；行不合趋不同，对门不通。

『铜驼陌上会相见，握手一笑三千年。』

好朋友虽不相见，心近，有情不远，只愿再见时，依然是——握手一笑三千年！

握手一笑三千年

东坡先生无一钱，十年家火烧凡铅。黄金可成河可塞，只有霜鬓无由玄。

龙丘居士亦可怜，谈空说有夜不眠。忽闻河东狮子吼，拄杖落手心茫然。

谁似濮阳公子贤，饮酒食肉自得仙。平生寓物不留物，在家学得忘家禅。

门家罗亚十顷田，清溪绕屋花连天。溪堂醉卧呼不醒，落花如雪春风颠。

我游兰溪访清泉，已办布袜青行缠。稽山不是无贺老，我自兴尽回酒船。

恨君不识颜平原，恨我不识无鲁山。铜驼陌上会相见，握手一笑三千年。

——《寄吴德仁兼简陈季常》

这个世界上，出现得最普遍的名词是朋友，当然，最难得

—蓑烟雨任平生：苏东坡词传

到的也是朋友。淮南子云："行同趋同，千里相从；行不合趋不同，对门不通。"作为宋朝第一男神的苏东坡，他除了才华横溢，朋友也是众多。

苏东坡因魅力十足，又待人至诚，人慕其才，走哪都有朋友。妻子王弗一再提醒他，要慎交友，他可不管这些，不与坏人打交道，如何识得奸佞心？

他的朋友形形色色，上至名流显贵，下至村野黎老，又喜寻道问僧，且爱听歌赏曲，和尚、道士、歌妓，真是朋友遍天下……

在他这光怪陆离的朋友圈里，陈季常算是他众多朋友中极亲近的一位。

苏东坡于陕西凤翔任签判，半年后，凤翔调来新太守陈希亮。

陈希亮习武、嗜酒、个矮、脾气颇大。

苏东坡常于街市行走，听取民意。这日，又有百姓抱怨，日子什么时候过到头，这田亩耕作都需要劳力，可家中壮年汉子都出去做苦力了，这日子如何是好？

苏东坡又走访许多百姓，都在责骂官府的"衙前役"是劳民之害。

看着这连年不断的徭役使得百姓受苦受难，那些被强拉去做义工的百姓，为戍边甘陕的宋军运送军需物资，不能归家，甚至病亡的大有人在，苏东坡眉头紧皱。

为了减轻百姓的负担，苏东坡既然是"签判"，自然有签署官文和部分决断的权力。他不仅减轻"衙前役"，还推行仁政，减免积欠，做水利工程，为老百姓做了许多好事，大家都称他"苏贤良"。

陈希亮闻知大怒，他发布一道命令：谁也不许叫苏轼为苏贤良。

一日，一小吏偷偷叫"苏贤良"，陈太守责其"抽肉"三十鞭。

陈季常是陈希亮的儿子，名慥，字季常。他英姿年少，喜纵马射猎，以豪侠自称。虽然苏东坡与他老爹整天剑拔弩张，并不影响陈季常对苏东坡的崇拜。

这天，中秋节到了，知府厅例行举办宴席，如若不去，将被罚铜。东坡心中对陈太守不喜，便躲在家里与家人团圆。

秋天的长空，万里无云。夜渐起，月上中庭，清辉洒向庭院，苏东坡家院门外响起脚步，陈季常朗声说："凤翔陈季常，奔酒香来也。"

他因苏东坡为百姓做了许多好事，很敬重苏东坡，此时月圆之夜，腰挂宝剑，抱着酒坛子，前来与苏东坡过团圆节。

苏东坡笑问："你也不怕陈太守拿马鞭子抽你？"

陈季常说："他抽我就吼，习惯了。"

他们对月聊天，陈季常在苏东坡庭院舞剑助兴，好不畅快。

后来，苏东坡知道陈太守也是好官，他在长沙做官时，曾经抓捕一个恶僧。因为这个恶僧和权贵们交往甚密，所以作恶多端却一直无人敢问。而陈太守却秉公执法，不惧权贵，长沙全境，无不愕然。

陈太守在滑县做官时，黄河洪水暴涨，眼看就要决堤了，他亲上防洪现场指挥官兵作战。风声雨声雷声，声声入耳；江水雨水汗水，水水相连。面对官吏百姓哭着劝他快撤，堤坝防不住了，但他岿然不动，坚持护堤，最后硬是守住了堤坝。

苏东坡内心感激陈太守，虽然有过无数的意见、分歧，但陈太守此人并不坏，面冷心热，他是担心自己年少成名，太骄傲，所以有意挫挫自己的傲气，实则是有心爱护。

自凤翔一别，苏东坡与陈季常十几年不曾见。公元1080年春天，人到中年的苏东坡奔波在贬迁黄州的路途中，过岐亭，遇见陈季常。苏东坡此时是戴罪之身，众人唯恐被连累，都躲得远远的，这位从前并不算深交的陈季常却一点也不嫌弃，请他到家里一住就是五天，好吃好喝招待。这让刚刚死里逃生、又在异乡举目无亲的苏东坡十分感动。

陈季常家境殷实，却舍弃豪宅良田，至深山僻谷参禅悟道，原来亦是看淡名利，来做隐士。

友情的花朵越开越盛。两个有趣又有闲的人凑到了一起，情投意合。他俩在一起，有做不完的趣事，谈论佛法，吟诗作赋，寄情山水，抚琴高歌……好不快哉。

"凡余在黄四年，三往见季常，而季常七来见余，盖相从百余日也。"

黄州四年，苏东坡到歧亭找陈季常玩耍三次，而陈季常去找他七次。每次都会在对方家里住上十天半月，四年下来共处的时光有一百多天。

黄州附近的蕲春有名士吴德仁，苏东坡听说此人喜参禅向佛，这日，他去蕲春兰溪游玩，此处风景优美，家家门前田地里一派丰收景象，稻穗长得又密又厚，随风而舞。清清的溪水环绕着房屋，溪边花草茂盛，酒后在溪堂入眠，自然之光全在身边，沉醉不睡，落花满天，极是美好。

苏东坡游兰溪，访清泉，穿着布袜，打着裹腿，前去派访吴德仁，遗憾未能如愿，只好归来。虽然未见，但乘兴而行，兴尽而返，依然不虚此行。他想，这次虽然未见，今后一定有机会再次见到。

这天，苏东坡去探望陈季常，两人同处一室谈天说地，月亮渐渐西沉，他们依然兴致勃勃地讨论禅学和诗词，没有睡意。

陈季常之妻柳月娥看到这两个男人从早到晚黏在一起，不免心生醋意，运起丹田之气，大喝一声："陈季常你还睡不睡觉？！"

陈季常激灵打个冷颤，手中的拄杖应声"咣啷"落地，苏东坡一边见着，忍不住大笑。

春来，桃红柳绿，正是游春好时节，苏东坡邀陈季常游春，柳氏担心其狎妓，不允，陈誓天保证："如果有妓，愿意罚打。"柳氏方才答应。

柳氏管束甚严，得知有位名唤琴操的歌妓与丈夫一道游春，等夫回来，以青藜杖责打，经陈季常苦苦地求告，方改罚他跪在池边。

恰巧苏东坡拜访，见陈季常跪池，极为愤怒，此为丈夫之耻辱，他便责备柳氏，并唆使陈季常用娶妾的方法恫吓她。

柳氏视苏东坡为丈夫劣友，引诱丈夫去游荡，甚至教唆丈夫纳妾，将苏东坡轰出家门，最终，陈季常卑躬屈膝讨饶，方消除了柳氏的气恼。

苏东坡与陈季常，关系之铁，可由此窥见一斑。

宋神宗元丰八年（1085年），苏轼从黄州回京，想及在黄州之时寻访吴德仁无遇而返，又想及陈季常怕妻，捧腹又笑，挥笔写下了《寄吴德仁兼简陈季常》。

东坡先生无一钱，十年家火烧凡铅。黄金可成河可塞，只有霜鬓无由玄。

龙丘居士亦可怜，谈空说有夜不眠。忽闻河东狮子吼，拄杖落手心茫然。

谁似濮阳公子贤，饮酒食肉自得仙。平生寓物不留物，在家学得忘家禅。

门家罢亚十顷田，清溪绕屋花连天。溪堂醉卧呼不醒，落花如雪春风颠。

我游兰溪访清泉，已办布袜青行缠。稽山不是无贺老，我自兴尽回酒船。

恨君不识颜平原，恨我不识无鲁山。铜驼陌上会相见，握手一笑三千年。

在诗中，苏东坡表达了对吴德仁悠闲生活的向往，不管是自己的学道，还是陈季常的念佛，都不及吴德仁洒脱，饮酒食肉，寓物不留物，在家就学得了忘家禅。

苏东坡盛赞吴德仁懂得欣赏外物，不贪恋外物和被外物所役，故，他已达高境界，令人钦佩。

虽然这首诗是写给吴德仁的，但苏东坡却要捎带写写陈季常，开开他的玩笑。朋友之间，因为喜欢，便会忍不住提及，只不料，苏东坡随便一个玩笑，陈季常就落了个怕老婆的千古名声，"河东狮吼"也成了悍妇的专属代名词。

苏轼被赦离开黄州，送行者众，至慈湖（在湖北黄石）登船后，众人散去，只有陈季常不舍得走，一送再送，从湖北一路送到了江西九江。

多情自古伤离别……

四年之后，陈季常又千里迢迢跑到京城开封来看他，那时苏东坡正春风得意，站在个人政治生涯的最高点，而陈季常也不是来讨官做的，但求知己故交的重逢之乐而已。

公元1094年，苏东坡58岁，被贬岭南惠州。抵惠半年，陈季常来信数封，欲往见之。歧亭到惠州，岂止千里之遥。

苏东坡急忙回信劝阻："到惠半年，风土食物不恶，吏民相待甚厚……所以云云者，欲季常安心家居，勿轻出入。老劣不烦过虑……亦莫遣人来，彼此须髯如戟，莫作儿女态也……长子迈作吏，颇有父风。二子作诗骚殊胜，咄咄皆有跨灶之兴。想季常读此，捧腹绝倒也。"

他不想让老友奔波受累，于是赶紧说自己在惠州如何顺利，好让老友放心。

"铜驼陌上会相见，握手一笑三千年。"这是对吴德仁说的话，何尝不是对陈季常的一片冰心？

好朋友虽不相见，心近，有情不远，只愿再见时，依然是——握手一笑三千年！

腹有诗书气自华

粗缯大布裹生涯，腹有诗书气自华。厌伴老儒烹瓠叶，强随举子踏槐花。

囊空不办寻春马，眼乱行看择婿车。得意犹堪夸世俗，诏黄新湿字如鸦。

——《和董传留别》

有些朋友，泛泛而交，不在一起，并无挂念，在一起，畅所欲言。人的生命中，不乏这样的普通朋友，如绿叶之于鲜花，点缀生命，亦令生活五彩缤纷。

苏轼在凤翔府任职时，当地情况并不令人乐观。他一路所见，百姓食不果腹，寒冬腊月，许多贫民却是"可怜身上衣正单"。

怀揣着"致君尧舜上"理想的苏轼看在眼里，痛在心里，他满腔报国热忱，怎么能辜负百姓对自己的期望？他不仅要与太守一起共同处理日常政务，签署公文，上传下达，还负责运送政府所需要的物资。

他修订衙规，"编木筏竹，东下河渭"，渭水滔滔，砍竹成筏，顺水漂流，运送所需物资前送往京城与前线，减少木筏水运给百姓带来的沉重负担。

每到夏季，水患也不容忽视。苏轼倡导当地官民疏浚扩池，从而引城西北凤凰泉水注入。如此一来，东湖不仅解决了当地水患问题，苏轼以审美的眼光看着一望无际的东湖，这里还需要点缀。

东湖沿岸，栽种柳树，一到春来，细雨蒙蒙，绿柳成行，烟雨之中，更添几分秀色。湖美，美在柳，还要美在花。

湖边植柳，湖中种莲，再建亭修桥，这一池秀水，如诗如画起来。

苏轼到凤翔的第二年，炎热的夏日，只有酷烈的阳光直射，田地的庄稼被晒焉了，如果再不下雨，这枯焦的禾苗还能有多少收成？

看着久旱不雨，百姓叫苦连天。心系百姓的苏轼带着凤翔民众，顶着炎炎烈日前往太白山求雨。

天像下了火一样，知了的叫声此起彼伏，苏轼点燃香火，拜祭苍天，怜悯众生，普降甘霖，解除大旱。天无雨，甚至连风也不起一丝，百姓连避阳的地方也没有。苏轼便带领大家在公堂北面的东湖中建造一座亭子，作为休息之所。

祈雨的活动进行了很久，雨却一直没有下，直到苏轼的亭子建成，突然听到雷声轰鸣，转眼间，乌云密布，一场大雨倾盆而下，干旱解除，凤翔百姓齐声感谢天地。苏轼因此写了一篇著名的散文记叙这件事情，即《喜雨亭记》。

在凤翔，苏轼留下许多传唱千古的文章和诗词，凤翔众多饱学宿儒之士，都受着苏轼的影响。

一位叫董传的读书人，也非常敬仰苏轼。每到春来，百姓结伴踏青，一路喧歌，这人群中也有董传的身影。

此时，春风吹过，阡陌上微微地扬着轻尘，路边那些走累的人，停下来，举杯饮水，对酒当歌，真是酣畅淋漓，那一路的歌声、鼓声传到很远，山中树木摆动，脚下青草起舞，山中野鸟在头顶上盘旋鸣唱，郊外这清新空气令人陶醉，这热闹的气氛使人快乐，苏轼必有佳作。

董传随着苏轼，不仅赏湖光山色，亦与他吟诗作对。

他家境贫寒，穿着自是不太讲究，常着粗缯大布的衣裳，但却"衣冠简朴古风存"，与人聊天，常有独到见解，谈笑间，气定神闲，自有风度。

董传其人，字至和，河南洛阳人，心有宏愿，书读百卷，科举在即，自当奋为。苏轼美名传四方，古人皆语："近朱者赤，近墨者黑。"董传自是要向苏轼习得科举应试之诀窍。

董传向学，苏轼亦正当有为之年，与董传之间，亦师亦徒，亦兄亦友，把酒话桑麻，人约黄昏后。

董传常言人生境遇当如《庄子·养生主》所书："吾生也

有涯，而知也无涯。"

看着董传捋着胡子，一心向学，苏轼自是赞扬："十年学道困穷庐，空有长才重老儒。"他借别人的诗句夸这位朋友花时间花精力学习，自然会学有所成。

两人虽然交集不多，但互相影响，算是充满正能量的朋友。

时间过得很快，转眼四年过去，治平元年（1064年）12月，苏轼罢凤翔签判任赴汴京，车马一行经过长安，董传正准备参加科举考试。

离别之情各有千秋，欧阳修《玉楼春·尊前拟把归期说》云："人生自是有情痴，此恨不关风与月。"柳永言："多情自古伤离别，更那堪冷落清秋节！"高适《别董大》豪情万丈："莫愁前路无知己，天下谁人不识君。"李白的豪爽自当有："仰天大笑出门去，我辈岂是蓬蒿人。"

此时，苏轼与董传话别，面对这位满腹经纶，年岁虽长，却依然在科举的路上奋勇前进的朋友，该和他说些什么呢？

眼前的董传穿着简朴的衣裳，那满面风尘的脸上饱含着充满期望的眼神，新一年的科举又快要到来了。

苏轼此时也言由心起，读书多年，为的不就是一朝成名，万众瞩目吗？

自己自科举成名，一路走来，山长水远，亦涉官场，而董传呢，还在向着那仕途之路不断前行。

此时，山无语，水无声，苏轼望着董传，这一别离，不知何时才能相见，总是要送他一些话别之语。苏轼内心的正能量源源不断地输送出来，他拱手对董传说："相信明年京城一定能看到你我共处朝堂。"

说归说，回长安之后，依然惦记董传科举之事，书诗一首《和董传留别》。

> 粗缯大布裹生涯，腹有诗书气自华。厌伴老儒烹瓠叶，强随举子踏槐花。
>
> 囊空不办寻春马，眼乱行看择婿车。得意犹堪夸世俗，诏黄新湿字如鸦。

诗言心声，那是告诉董传，兄弟你虽然生活贫困，衣衫朴素，但饱读诗书，满腹经纶，再平凡的衣着也掩盖不住你乐观向上的精神风骨。现在，兄弟你还是位穷书生，但读书却使你气场强大，气质高雅。

苏轼赞美之余，又不忘记调侃，即使兄弟你通过科举出人头地，但是没钱置办马匹，如孟郊那样"一日看尽长安花"。当然，科举成名之后，还有机会被那"选婿车"包围。

苏轼鼓励董传，有钱没钱不是问题，考中才是硬道理，那时什么都会有。

苏轼虽为调侃，亦是激励，最后祝愿董传："得意犹堪夸世俗，诏黄新湿字如鸦。"董传你总有一天能够金榜题名，扬眉吐气，夸耀于世俗。黄纸黑字的诏书上分明写着你董传的名字呢。

离别祝福的话语多得数不胜数，而"腹有诗书气自华"这句，却流传至今，成了赞美读书人有学识有气度的名言佳句，被广为传诵。

时光匆去千百年，董传何去何从，寒士是否成学士，这些都不重要了，而人们由"腹有诗书气自华"而识董传，苏轼的魅力，何尝只是为朋友输送正能量？

他一句话，何尝不是告诉千万民众，让书伴你左右，读书吧，这不仅在是学习知识，更是提升你的精神内涵。

腹有诗书，你将养成高雅、脱俗的气质。你走过的路，读过的书，将融入你的生命，进入更深刻的内层，使你的心灵放出奕奕神采。

读书吧，面对人生的失意和困窘，你能保持乐观豁达的态度。你可以在贫穷困顿时，持有乐观向上的精神风貌，

董传读着苏轼写给自己的诗，他默默望向苏轼身处的那个远方……

最是橙黄橘绿时

荷尽已无擎雨盖，菊残犹有傲霜枝。

一年好景君须记，最是橙黄橘绿时。

——《赠刘景文》

有些朋友相处甚欢，距离不是问题，那是"相知无远近，万里尚为邻"。虽不见面，也常挂牵，能够见面，喜不自胜。苏轼与刘景文，便属于这种"君子和而不同"的朋友。大家可以有自己的想法、见识，相聚在一起也其乐融融，聊叙起来，十分投机。

刘景文是北宋将门之后，虽然名气不大，但他博雅好古，忠义豪迈，苏轼曾说："老来可与晤语者，凋落殆尽，唯景文可慰目前耳。"可见，对他青眼有加。

元祐四年（1089年），苏轼去杭州任职，刘景文时任西京路分都监左藏库副使，在杭州与苏轼同僚。

两人过从甚密，交情很深。刘景文在《寄苏子瞻自翰苑出守杭州》中说："倦压鳌头请左符，笑寻赪尾为西湖。二三贤守去非远，六一清风今不孤。四海共知霜鬓满，重阳曾插菊花无？聚星堂上谁先到？欲傍金尊倒玉壶。"对于这首诗，苏轼十分喜欢。

苏轼与刘景文关系好，对他的生活与工作也很关注。

作为名将之后，刘景文笃志好学，博通史传，工诗能文令人钦佩，但他官小薪酬不多，又极喜读书。到手的工资买完书手里便所剩无几，家里因为他没有节制的花销，常常陷入困顿之中，甚至为此断米断柴。妻子不喜，争吵便时有发生。

生活穷困潦倒，朝不保夕，工作亦并非自己喜欢的职业，除了写几首闲诗，似乎也没多大本事，刘景文眼见时光过去，自己亦年过半百，却无所建树，内心颇是颓废，常以酒消愁。

北宋元祐五年，苏轼任杭州知州的第二年，初冬时节，池塘中的荷叶、荷花也只剩下枯茎无力的倒伏水面，早已失去"何处烟霞云共雨，梦里相蓬花不语"的诗情画意。

那"宁可枝头抱香死，何曾吹落北风中"的菊花也都凋谢了，但是它那根植幽崖，独对凌寒的气质却依然不变，以菊凛然之气，傲立于秋霜之中，如今也只剩下傲霜而立的菊枝了。

古人书荷写菊，自因其品质高洁，菊为霜下之杰，它蕊寒香冷，姿怀贞秀，它枝干挺拔劲节。即使花残了，枝依然傲霜独立，不屈不挠。

此时，果园里的橘果成熟，橘林一片绿意，间有黄澄澄的橙子挂在枝头，似绿海中一盏盏金色的灯笼，苏轼想起好朋友刘景文。

他眼前又浮现出景文拿着酒壶，醉眼迷蒙的样子了。这景文的酒越喝越厉害了，景文低沉的情绪，失落的脸在苏轼眼前晃来晃去。

景文酒后吐真言，写信向苏轼诉苦：自己空怀报国志，却得不到重用；空有满腹才华，却只不过是写几首小诗；赚点小钱却不够养家。人生到这步田地该有多失败呀。最可悲的是，活了大半辈子才悟出，自己的梦想是什么？

读着失落的刘景文的信，听着景文后悔说自己由于年轻时没有好好规划未来，如今亦浑浑噩噩过去半生，事业无成，家庭不睦，人生的失败的言语。

苏轼得安抚安抚老友这颗脆弱的心，他很快就给刘景文回信了。

荷尽已无擎雨盖，菊残犹有傲霜枝。一年好景君须记，正是橙黄橘绿时。

古人写秋景，大多气象衰飒，渗透悲秋情绪。然，苏轼却一反常情，写出了深秋时节的丰硕景象，显露了勃勃生机，给人以昂扬之感。

苏轼以荷比君子。正值岁尾，荷枯叶尽，以喻君子生不逢辰，难免潦倒失落。次句言菊，菊喻晚节，景文晚年并无亏缺，犹有凌霜傲雪之姿，在苏轼心中，景文如荷如菊，真君子也。

想到景文暮年失意，消沉颓唐也可以理解，但只要克服心理上的失落，前景还是大有可为的。

苏轼是以"橙黄橘绿"来告诉自己的好友，人到暮年，才是人生最成熟的收获季节，景文你不仅要接受荷枯叶尽的一面，还有傲霜雪抗严寒和收成果实的一面，希望你能振作起来，坚持下去。

这一年，刘景文58岁，苏轼55岁。

苏轼写《赠刘景文》不仅是勉励好友振作，也是在对自己进行鼓舞：虽已进入老年行列，但老年是人生的成熟季节，应老当益壮，壮心不已。

眼看着冬天来了，春天还远吗？

苏轼写完信，鼓励刘景文，又写了《乞擢用刘季孙状》予以举荐。

经苏轼向朝廷竭力保举，刘景文得到升迁，将前往外地任职。

宋哲宗元祐六年（1091年），王诏担任滁州知州，见陈知明所书《醉翁亭记》字迹浅褊而小，恐难久传，遂请欧阳修的门生、北宋大诗人兼大书法家、时任颍州知州的苏轼改书大字，并刻石立碑。

担任滁州知州的王诏知道刘景文与苏轼关系好，便拜托刘景文去请从杭州又被调到颍州任职的苏轼撰写。

刘景文正在前往任新职的路上，他专门绕了路，到颍州来见苏轼。

此时，颍州干旱，苏轼勤政爱民，忙着祈雨。

这天，天刚亮，苏轼听小童说刘景文要来，高兴得手舞足蹈，本来身体有恙，却疾疾起身，穿衣洗漱。家人看他起身太快，而且走路也步步生风，要扶他一把，苏轼摆摆手，拒绝搀扶，急匆匆地去迎接好友了。

久旱的路上灰尘满地，每走一步，灰尘也跟着扬起，到处灰乎乎的。祈雨的苏轼心里想着，若是雨来，刘景文那标飘飘长髯也给洗干净了。

二人远远地看见彼此，奔向对方的脚步更疾了些。

他们双手紧握，眉须皆飘，两位饱经沧桑的男人满脸笑容，心里喜欢，眼神里也透着喜悦，连那些随行人员都被他们的兴奋感染了。

苏轼自是要记录此次相见欢的："天明小儿更传呼，髯刘已到城南隅。尺书真是髯手迹，起坐熨眼知有无。今人不作古人事，今世有此古丈夫。我闻其来喜欲舞，病自能起不用扶。江淮旱久尘土恶，朝来清雨濯髯须。相看握手了无事，千里一笑毋乃迂。"

这些天，他们喝酒，游玩，赏鉴古董，写《醉翁亭记》。

苏轼醉也醉得高兴，"似知吾辈喜，故及醉中来"（《和刘景文雪》）；"万松岭上黄干叶，载酒年年踏松雪"（《用前韵作雪诗留景文》）；"留子非为十日饮"（《和刘景文见赠》）；"岂知入骨爱诗酒，醉倒正欲蛾眉扶""酒肴酸薄红粉暗，只有颍水清而姝"（《次前韵送刘景文》）。

有朋自远方来，不亦乐乎，十日畅谈，陶然于醉，吟诗作对写书法，自是神仙日子。

苏轼酒后大醉草书《醉翁亭记》，因内容宏大，偶有微瑕，与原文有一二字出入，刘景文仔细读着，边读边对苏轼的狂草赞声不止。"这字写得如游龙入海，满纸云烟，奇书也。"

咦？不对，不对！老友正赞着，眉头又皱了起来。

"若非夫日出而林霏开"多写一"非"字；

"杂然而前陈太守燕也"，少一"者"字。

"庐陵欧阳修也"虽出于敬尊，写成了"庐陵欧阳公也"。

"起坐而？哗者"句中"灌晔"之语虽古意盎然，但亦不同于欧公原文之"喧哗"。

苏轼兴致勃勃惊艳狂草将《醉翁亭记》书完，却被老友挑出个中瑕疵，本来应该是件很扫兴的事，但苏轼却一点也不生气，他认真听取意见，频频点头。

《醉翁亭记》既然是恩师欧阳修的作品，又是要刻成碑文的，还是要认真写起来。况且自己的好朋友严肃指出：你的字写得再好，欧公的原文一个字也不能错的。

苏轼这次酒也不饮了，他凝神运笔，用最为精擅的大字楷书重新誊写一遍，并适当修正了其中问题，于是才有了后来广为流传、端庄凝重的楷书大字本《醉翁亭记》。

好友之间，既是志同道合，又能经得起批评和指正。

元祐七年，60岁的刘景文死于任上。刘景文死时，"家无儋（担）石，妻子寒饿，行路伤嗟。今者寄食晋州，旅榇无归"，仅有书画万卷。

在浩如烟海的历史文化长河中，刘景文犹如一滴水无声无息，我们只能从他的朋友们诗词唱和之中，捕捉到他的生平事迹，在他一醉难消万古愁时，苏轼却能给他"一年好景君须记，正是橙黄橘绿时"这样的鼓励。

充满正能量的句子来自充满正能量的人。苏轼给了刘景文许多正能量，同样也从刘景文这里汲取到了生活的正能量，那是在夹缝中求生存的那份坚忍与耐性。

朋友是用来学习的，朋友是用来鼓励的，朋友是用来影响的，朋友是用来记挂的，朋友也是用来麻烦的……

人生处处，有得意，亦有失意，苏轼在人生秋冬之季，命运多舛，几经贬官，但却看得清明，内心豁达，他曾豪迈地写下诗句"问汝平生功业，黄州惠州儋州"，将自己生命的谷底——被贬官的三个偏远地方，当做自己最引以为傲的业绩。

不被磨难击垮，就会从磨难中吸取能量，变得坚强。苏轼一生所写出的那些脍炙人口的诗文，大多出于这三个地方，从文学史的角度看，这个他生命最低谷凄惨的时期，却正是他创作生涯中"橙黄橘绿"的好时光。

东栏梨花意深长

> 梨花淡白柳深青，柳絮飞时花满城。
>
> 惆怅东栏一株雪，人生看得几清明。
>
> ——《东栏梨花》

赣州有名城，名曰宋城，始建于汉代，历史变迁，如今保存完整的部分筑于北宋嘉祐年间，是国内仅有的宋代古城墙。城墙平均高七米，从西门至东门长达七里，垛墙、炮城、马面、城门都保存完好。

若到赣州游，未至古城墙上走几步，就不算到过。走过古城墙，必逢赣州最具人气的景点八境台。

从城墙上望过去，八境台雄伟壮丽，巍然耸立。

如今的人们能看到雄伟壮观的八境台，不能忘记两个人——孔宗翰和苏东坡。

他们并非至交，同为官场中人，孔宗翰是孔子第四十六代孙、北宋嘉祐年间年在虔州任职。

当年他鉴于"州城岁为水啮，东北尤易垫圮"，于是率官民用砖石改砌北隅的夯土城墙，并冶铁浇之，使赣州城墙免于连年水灾的侵扰。即"伐石为址，冶铁锢基"，孔宗翰建城楼于其上，是为观敌瞭阵的城防建筑，又可观赏三江合流，这就是最早的八境台。

八境台台高三层，远观与郁孤台相若，拱顶飞檐，朱墙绿瓦，而今已然是吟赏烟霞的佳处。

建成之后，孔宗翰登台远望，只见春潮带雨，章水北流，古木参天，春意盎然。章贡于此合流，水波澹澹，烟雨渺渺，让人浮想联翩。面对这一派大好河山，他不由心旷神怡，创作的冲动油然而生，于是利用闲暇之余，创作了一幅壮丽的山水画卷《虔州八境图》。

宋神宗熙宁十年丁巳（1077年），密州太守苏轼改知徐州，孔宗翰接任密州，他们的交往正是始于此时。

孔宗翰在苏东坡将离任之时，便将自己之前绘成的《虔州八境图》出示，请苏轼按图题诗，以便寄回虔州，镌刻于石，以图永存。

苏东坡逐一观赏，只见图中，东望七闽，南望五岭，览群山之参差，俯章贡之奔流，云烟出没，草木蕃丽，邑屋相望，鸡犬之声相闻，此地确实风光旖旎，妙不可言，犹如人间仙境，东坡观后想："观此图也，可以茫然而思，粲然而笑，嘅然而叹矣。"不过，他认为这只是南康之一境也，哪里是八种景致呢？

一蓑烟雨任平生：苏东坡词传

不管怎样，苏东坡欣然答应。

凭着自己丰富的想象和恣肆汪洋的文笔，分别为图中的章贡台、白鹊楼、皂盖楼、石楼、马祖岩、尘外亭、郁孤台、峰山逐景题诗。

言浅情深，皆在诗画之中。

元丰元年（1078年），孔宗翰着人将诗镌刻于虔州石楼，"虔州八景"及八境台由此名扬天下。

此后，天下就有了"城市八景""城市十景"之类的说法，而东坡理所当然是赣州的首位代言人，他的八境图八首是最好的广告词。这桩雅事与范仲淹的《岳阳楼记》如出一辙，风流倜傥，令人拍手叫绝。

哎东坡与孔宗翰之间，算是同僚，又因画结缘，因诗留芳，他们的友谊，以诗画为纽带，不远不近，不亲不密，是为君子之交。

第二年春天，苏东坡到徐州赴任。城里的梨花开得正旺，远望一片淡白，如云似雪，将这春色点缀得生机勃勃，路边的柳树也已长得郁郁葱葱，迎风舒展着柔软的腰肢，随风起舞。舞动的不仅只是柳枝，伴随而来的是满城飞舞的柳絮，真是"春风不解禁杨花，蒙蒙乱扑行人面"。

春意正浓，春愁亦深，东坡惆怅地站在东栏旁，梨树上满是白色的梨花，天空柳絮四处飘飞，柳絮落在东坡身上，他觉得自己似乎也变成了"一株雪"。

岁月深深，人海茫茫，时光飞逝，转眼自己已年届不惑，这春色，这清明也看过了40个了，人生还有能几次清明？

而这清明不只是节气，又何尝不是人间纷纷世俗？

苏东坡在"不惑"之年，凡事算是想得清，看得开了，于是写了五首绝句给孔宗翰，其中一首《东栏梨花》最为出名。

梨花淡白柳深青，柳絮飞时花满城。

惆怅东栏一株雪，人生看得几清明。

苏东坡既感叹春光易逝，人生短促之愁情；也抒发了自己淡看人生，从失意中得到解脱的思想感情。

苏东坡一生正道直行，心系民众，写此诗给朋友，知孔宗翰奉亲至孝，德行高尚，接手自己的工作以后，必能以恩服人，治理有方。书此诗，亦以梨花来抒发自己的感情，愿彼此皆如梨花，清廉洁白，坦荡如砥，做清明人，行清明事。

命运无常，面对自己官场上的起伏，苏东坡心中无法揣测还有几度梨花可看。

年年清明年年至，梨花岁岁伴絮飞，人生如寄只盛年，梦里青春可得追？

这首梨花诗深藏着的绵绵不尽的情思，它寄托了苏东坡盛年之时的人生感悟，何尝不是他清明人生细腻而真实的写照？

此心安处是吾乡

常羡人间琢玉郎，天应乞与点酥娘。

自作清歌传皓齿，风起，雪飞炎海变清凉。

万里归来年愈少，微笑，笑时犹带岭梅香。

试问岭南应不好，却道，此心安处是吾乡。

            ——《定风波·南海归赠王定国侍人寓娘》

台湾诗人席慕蓉曾写过："故乡的歌，是一支清远的笛，总在有月亮的晚上响起，故乡的面貌却是一种模糊的怅望，仿佛雾里的挥手别离，离别后，乡愁是一棵没有年轮的树，永不老去。"面对乡愁，另一个姑娘却说了八个字："此心安处，便是吾乡。"

此女何人？籍籍无名，却因此句，瞬间让苏东坡刮目相看，并为她大书特书，一时间，名振京华。

说到此人，就不得不提到苏东坡的铁哥们王巩。

王巩约生于公元1048年前后，字定国，自号清虚先生，莘县人，王旦之孙。有画才，长于诗。苏轼守徐州，巩往访之，与客游泗水，登魋山，吹笛饮酒，乘月而归。

苏东坡与他政见相同，性格相似，因"乌台诗案"，王巩受牵连，是被贬得最远、责罚最重。

王巩被贬宾州期间，生活艰苦，两个孩子都因此离世，甚至，王巩也病了好几次，生命垂危。东坡心里很难过，总觉得是因为自己才害了朋友，几乎不敢以书相闻。

但说归说，苏东坡还给他写过很多书信，对朋友一再鼓励："朋友你不要灰心，远方多湿瘴，你一定要多按摩脚心，对付瘴气。那里湿气重，你每日饮少酒，调节饮食，常令胃气壮健。"

好朋友之间，哪会因受贬生间隙，远在岭南宾州的王巩为了安慰苏轼，在给苏东坡的回信中愉快告诉苏轼，自己也很注意养生，在宾州是修行的。他还对苏轼大谈道家长生之术。

他们之间的亲密之情溢于言表。

除了聊养身，说生活，在书信往来中，他们更多的是交流诗词书法绘画心得。

王巩身在岭外，作诗数百首寄给苏轼，苏东坡读着，很是喜欢，大赞其诗："皆清平丰融，蔼然有治世之音，其言志与得道行者无异。"

有一次，苏东坡收到王巩寄来的书信，苏东坡阅后一直感叹："定国所寄临江军书，我早就收到，这次又寄来一封，他对于处忧患的态度和生活方式写得如此详细，既以解忧，又洗我昏蒙，收获很大呀。"

两人相识多年，欣赏彼此的才华，是为莫逆之交，居庙堂之高而忧其民，处江湖之远而忧其君，赤子之心，可见一斑。

两位好朋友，都生活穷困，遭遇受贬之难，生活境遇都很糟糕。

苏东坡因屡遭受贬，已然习惯了，也练就了逆境生存的能力，他身处黄州，亦淡看风轻云淡，但连累好友之事，使他寝食难安，愧疚地对王巩说："兹行我累君，乃反得安宅。"

四年过去了，王巩奉旨北归，官复原职。接到圣旨，王巩感慨万千，他收拾行囊，带着小妾柔奴踏上返京的道路。当初受难，家奴歌女纷纷散去，唯有柔奴一人愿意陪伴王巩共赴宾州。

宾州地处僻远、路途的艰辛，柔奴深知此途艰险，但她毅然与王巩一同踏上了前往宾州的道路。

王巩回京路上，得知苏东坡依旧在黄州任职，决定转道黄州，看望一下四年未见的好哥们。

那日，长途而来的王巩出现在苏东坡面前，他们两人四目相对，空气像静止了似的，两个人就这样望着，许久未说一句话，一切尽在不言之中。

夜临，月明，苏东坡设宴招待王巩和柔奴。满桌子的佳肴都是他亲手做的，每一道菜都饱含深情。哥俩边饮酒边聊天，他们要一醉方休。

苏东坡发现虽遭此一贬，王巩并未有仓皇落拓的容貌，神色焕发更胜当年，性情更为豁达，不由疑惑："定国受坡累谪宾州，瘴烟窟里五年，面如红玉。"

不仅如此，看历年书信往来，朋友精神好，技艺精进，著述不绝，苏轼是极要向自己的兄弟学习一下经验。

王巩笑了笑，说："这全是柔奴的功劳呀！"

"这些年，我与柔奴一起在宾州生活。虽然那地方环境不好，可是心里安宁，远离喧闹，平时，在宾州泼墨吟诗，访古问道，而身边的柔奴，歌声相伴，温柔慰藉，催促奋发，多亏柔奴，是她陪伴我在南疆僻岭的宾州度过了寂寞艰苦的岁月。"

"我来请柔奴为兄台献歌助兴。"

窈窕的柔奴挑开玉帘，怀抱琵琶，出得屏风，慢启朱唇，轻送歌声。

苏东坡以往也曾见识过柔奴的才艺，如今知其在王巩大难之时，不离不弃，相爱不移，觉得她的歌声更为甜美，容颜也更红润，看来宾州的水土真是养人啊！

苏东坡拍着王巩的肩膀，颇为开心。眼前这如美玉雕琢般丰神俊朗的男子，上天眷顾，赠与柔美聪慧的佳人与之相伴。这女子歌声轻妙，笑容柔美，闻听她创作的歌曲，心也顿感清凉怡人。

席间，他们唱歌对词畅饮，眼中的两位有情人在东坡眼里，越发美好，越发年轻，那笑颜里好像还带着岭南梅花的清香。

苏轼试探地问柔奴："岭南应是不好？"

柔奴则顺口回答："此心安处，便是吾乡。"

没想到如此一个柔弱女子竟能脱口说出如此豁达之语，苏东坡对柔奴大为赞赏，如此有情有义的女子，世间能有几人？

晚上，躺在床上的苏东坡，辗转反侧，难以入睡，想着柔奴说的那八个字，遂起身，挥笔写下千古名词《定风波·常羡人间琢玉郎》。

常羡人间琢玉郎，天应乞与点酥娘。自作清歌传皓齿，风起，雪飞炎海变清凉。

万里归来年愈少，微笑，笑时犹带岭梅香。试问岭南应不好？却道，此心安处是吾乡。

他赞美柔奴能自作歌曲，以慰王巩，使那岭南炎暑之地变为清凉之乡，使政治上失意的王巩将忧郁苦闷、浮躁不宁转化为超然旷放、恬静安详。

兄弟王巩有柔奴相伴，她柔中带刚，有情有意，身处逆境，安之若素，苏东坡以空灵清旷、细腻柔婉的文笔创作此词，诠释了爱情的真谛，它与金钱无关，只要与相爱的人在一起，不管身处何地，都如同在故乡。

他同时又为王巩忧乐不戚于怀的宽广胸襟，能艰难困苦之中，不被压倒而得以生还的这份品质感到欣慰和赞扬。

东坡何尝不是在抒发自己在政治逆境中随遇而安、无往不快的旷达襟怀呢？

此曲传开后，"点酥娘"柔奴在京城的名声大噪！王巩与柔奴的宾州之恋也流传开来，成了坚贞爱情的古典诠释，流芳后世……

第五章

三起三落谁与同

「官场过山车，惊险又刺激。」顺境时，守得一片清明心。逆境时，东坡依然保持着旷达的心境，傲岸的心性，对困境安之若素、从容面对。

「风雨」既然来了，既然躲不掉，就淡然面对吧。那些磨难，不但没有遏住苏轼生命江流的奔涌，反而成就了他生命的激荡与辉煌。

会挽雕弓射天狼

老夫聊发少年狂，左牵黄，右擎苍，锦帽貂裘，
千骑卷平冈。

为报倾城随太守，亲射虎，看孙郎。酒酣胸胆尚
开张，鬓微霜，又何妨。

持节云中，何日遣冯唐？会挽雕弓如满月，西北
望，射天狼。

——《江城子·密州出猎》

男儿当报国，既有文韬，亦有武略。苏轼在密州，春夏寻
野菜，入秋打猎忙。

打猎，对于一个职业猎手，是家常便饭。对于寻常男子来
说，是一种挑战和体验，而对于苏轼这样的文人，且年已四十
的地方官来说，就不能不算一次壮举了。

北方的冬天来得早，深秋未尽，飞雪已降，积雪封山，到
处白茫茫，山中野兽禽鸟也都寂然，偶尔有之，也是匆匆一个

一蓑烟雨任平生：苏东坡词传

露头，便了无踪迹。

苏轼这天刚刚喝足了酒，酒酣则气粗胆壮，虽然鬓发有些花白，也要施展一下少年打猎的豪情壮志。他左手牵黄狗，右手擎猎鹰，头戴锦绣的帽子，身披貂皮的外衣，一身猎装，气宇轩昂，准备出猎。

太守率领的队伍，浩浩荡荡，势如磅礴倾涛，场面非常宏大。全城的百姓听说太守出猎，都纷纷涌出家门，前来看他们爱戴的太守行猎。

此时，全城万人空巷，大家跟着太守的队伍也去感受这次打猎的声势浩大。

苏轼骑着枣红马，看着百姓的笑脸，听着四下的赞美之声，备受鼓舞，气冲斗牛，为了报答百姓随行出猎的厚意，他决心亲自射杀老虎，让大家看看孙权当年搏虎的雄姿。

苏轼纵马驰骋于胶西平原，深入茫茫野地，越发英气十足，坐下的枣红马足力强劲，撒开蹄子奔跑，时而随群而行，时而单骑突进，把随行的官吏士卒远远地抛在身后。

一只野狼在林中逃窜，苏轼见状，拈弓搭箭，运足力气，只听"嗖"的一声，离弦之箭准确地射在野狼身上，野狼大叫一声，就地滚了个跟头，又往密林中奔突。

苏轼奋马直追，连发数箭，野狼又中一箭，蹿上高岗，鼓足残存的力气向天长嚎，呼唤狼群。

苏轼拉住缰绳，看着这野狼负伤狂嚎。

马儿原地甩蹄，引颈长嘶，苏轼抖动缰绳，马儿又向前追去。

苏轼拉强弓，箭上弦，隔约五十步，欲发箭射杀。野狼眼见追兵越来越近，眼睛里闪烁着哀求。

苏轼见此状，箭在手，引而不发。

受伤的狼得以喘息，缓缓地逃向密林深入。

东武县的程县令赶了上来，目睹了这一幕，正欲追赶，苏轼说："由它去吧。"

此时，山冈上空，天高云淡。苏轼沉思片刻，双脚蹬马鞍，寻新的猎物去了。

苏轼在密州的两年三秋，出猎七八次，马蹄踏遍密州各县。

出猎的规模一般是数十骑，三百骑以上的仅有一次，猎犬苍鹰成群，一路呼啸，逶迤如长蛇，驰骋高丘，突入山谷。

密州时期，苏轼的生活依然寂寞、失意，郁积既久，喷发愈烈。此次打猎，苏轼内心豪放之气，如海上风涛，汹涌澎湃，由此而作《江城子·密州出猎》。

老夫聊发少年狂，左牵黄，右擎苍，锦帽貂裘，千骑卷平冈。

为报倾城随太守，亲射虎，看孙郎。酒酣胸胆尚开张，鬓微霜，又何妨。

持节云中，何日遣冯唐？会挽雕弓如满月，西北望，射天狼。

苏轼深受儒家民本思想的影响，历来勤政爱民，每至一处，都颇有政绩，为百姓所拥戴。出猎对于苏轼这样的文人来说，虽为一时豪兴，但他平素报国立功的信念却因这次小试身手而得到鼓舞，以至信心十足地要求奔赴西北疆场奋勇杀敌了。

他的诗作，时时处处都想着为国效力，如《祭常山回小猎》。

青盖前头点皂旗，黄茅冈下出长围。弄风骄马跑空立，趁兔苍鹰掠地飞。

回望白云生翠巘，归来红叶满征衣。圣明若用西凉簿，白羽犹能效一挥。

紧张的围猎，风中驰骋，纵马之快意，射猎之豪气，让他将一腔报国志都付于行动中。

猎毕，回头眺望鏖战之处，但见常山白云缭绕，恰似在不断吐出云气。一路归来，火红的枫叶已落满了征衣。白云、绿岭、红叶如诗如画，爱国之心，更是强烈。

苏轼生活的北宋时代，边患不时发生，他多么渴望驰骋疆场。朝廷如果委予边任，定能麾兵败敌，保卫边防。

《江城子·密州出猎》上片出猎，下片请战，不但场面热烈，音节嘹亮，而且情豪志壮，顾盼自雄，精神百倍。

宋朝当时，词曲历来软媚无骨的儿女情居多，苏轼此词一反"诗庄词媚"的传统观念，"一洗绮罗香泽之态，摆脱绸缪宛转之度"，拓宽了词的境界，树起了词风词格的新旗帜。

后人评价这首词"指出向上一路，新天下耳目"。

此词一出，东州壮士抵掌顿足而歌之，吹笛击鼓以为节，颇壮观也。

拣尽寒枝不肯栖

缺月挂疏桐，漏断人初静。时见幽人独往来，缥
缈孤鸿影。

惊起却回头，有恨无人省。拣尽寒枝不肯栖，寂
寞沙洲冷。

——《卜算子·黄州定慧院寓居作》

"官场过山车，惊险又刺激。"当初，苏轼本来兴高采烈
地调任湖州当官，到任后给皇帝写信谢恩。原本只是例行公
事，却因为信中有些带有个人色彩的措辞，被嫉妒他的人拿去
大做文章，说他"愚弄朝廷，谤讪新政""讽刺政府，莽撞无
礼"……总之是罪孽深重，死不足惜。一时间，朝堂上下一片
沸腾，要求皇帝明正刑赏。

这著名的"乌台诗案"使得苏轼在牢里被关了4个月，被
严刑拷打、昼夜逼供，终于免过一死，但被贬到偏远的黄州
（湖北黄冈）做一个小小的团练副使（相当于县级民间自卫队

的副队长）。

自牢狱出来，苏轼皮伤易治，心伤难愈。

苏轼初到黄州，暂居定惠院。此院位于城中，院子不小，花树繁茂，长势极是喜人。

这里的僧舍较之别处，宽敞干净，但寺庙里的饭菜，极为粗淡。对于美食家苏轼来说，饮食并不是很可口，勉强吃饱而已，哪有什么美食质量可讲。

黄州太守徐君猷对苏轼颇是客气，苏轼刚去时向他报到。入住定惠院后，他以为徐太守会前来小坐，可是，一连许多天，都不见徐太守踪影，苏轼这才意识到此次乌台诗案对自己出狱后的影响依然是巨大的。

身处定惠院的苏轼，在别人看来，是罪臣，其余官吏，也没有一个来拜访苏轼。

这些人对他躲之不及。

无人相伴，无人交谈，苏轼只好闭门默坐，虽然繁花长得如此旺盛，可是苏轼无心去欣赏，他默默地听着这寺庙中的晨钟暮鼓，安静地生活。

连定惠院的十几个和尚，也从不与苏氏父子交谈，他们自诵经，自吃斋，自行事，仿佛苏轼是局外人。

宋代寺庙多属官府，和尚要看长官的眼色，哪敢与罪臣接近，这不是引火上身嘛。

苏轼百无聊赖，瞌睡就多。"昏昏觉还卧，辗转无由跳。

强起出门去，孤梦犹可续。"

整天昏头昏脑，想睡却又睡不着，在床榻上翻来覆去。强打精神去街上散散心，可是到街上转一圈，回来还是提不起精神来，只好继续睡觉。

此时的苏轼众叛亲离，别人躲他就像躲个灾星。这次的灾难使得苏轼差点得了抑郁症，没人搭理他，那就写诗自娱。

苏轼给朋友写信，也在信中叮嘱"不须示人""看讫，火之"。

身处黄州，噤若寒蝉，终日闭嘴不言，这位豪气冲天的男人，此时哪里还是曾经那个说起话来滔滔不绝，气壮山河的苏轼？

总是闷在室内，这也不是他的性格，那么，就出去走走。

他沉默着，手背在身后，一个人去江边看水波荡漾，一个人去山里转山，崎岖不平的路，走了又走，像走着自己这崎岖不平的人生。

一个人站在山上，看着黄昏来临，晚霞升起，夜幕降临。

即使如此，他依然不是自由的，身后，还有看管他的士卒远远跟着。

而更远的京城，还有一帮人，还在整理收集他的黑材料，还想把他往死里整。

当朝皇帝宋神宗虽然宽恕了他，可是，苏轼想，自己都贬到这穷乡僻壤、贫困落后的地方，重新起用的可能性微乎其微。

仕途没有希望，而一家人口众多，如何糊口还是个问题，忧国不能报国，忧家难以养家，纵有天大的才华，也不能施展，才四十有五的他，即便在这春光正好的季节，心里却幽暗无比。

生活的无助，灵魂的煎熬，居所的孤单，前途的渺茫，人生何处是希望？

夜来了，漏壶水尽，更深人静，苏轼辗转反侧，他实在睡不着，便披衣步出庭院。庭院的花依然还在，他抬头望月，月儿似乎知趣，从稀疏的桐树间透出清晖，像是挂在枝丫间的一弯银钩。

周围如此宁静幽寂，月光将一切都镀了一层银色，更显得清冷寂静。在万物入梦的此刻，苏轼独自在月光下孤寂地徘徊，他想，还有谁和自己一样独对清月？此时的苏轼就像是一只孤单飞过天穹的凄清的大雁。

人孤独的时候，回头的寻觅昔日的快乐，找到的却是更多的孤独。

世无知音，孤苦难耐，情何以堪？枝头那不肯停下的孤鸿遭遇不幸，心怀幽恨，惊恐不已，在寒枝间飞来飞去，拣尽寒枝不肯栖息，只好落宿于寂寞荒冷的沙洲，度过这样寒冷的夜晚。

自己呢？何尝不似那不肯栖的孤鸿？

积郁在心的情绪，需要一个出口，一首小词自然而然流淌心间。

缺月挂疏桐，漏断人初静。时见幽人独往来，缥缈孤鸿影。

惊起却回头，有恨无人省。拣尽寒枝不肯栖，寂寞沙洲冷。

"幽"的何止是人，一个孤独的身影，内心住着幽魂，能够"幽然"对此残境吗？自己如那夜空中飞翔的孤鸿，飞来飞去，在这寒夜，总是不肯栖息的吗？

灰心杜口，闭门思过的日子，一切都不熟悉，一切都不习惯，那狱中的情景，连累朋友被一个个受罚被贬愧疚，使他不敢说，不敢写。

那些诗词佳句，却涌着奔着要从胸腔里冒出来了，怎么能不吟，怎么能不写呢？即使自己是这月夜的孤鸿，也应该像这孤鸿一样高洁自许，拣尽寒枝不肯栖，怎么能随波逐流？

苏子感叹自己数年来行踪飘忽，屡屡被贬，空老寓所，岁月日寒，豁达如他，渐渐地也伤感起来，不免抑郁莫名，可要命的是这种失意是不能说的，只好以孤鸿自喻，暗自怅怀，当其年少之时，也曾雄心万丈，总想着成就一番千古伟业。

只可惜宏图未展，大江东去，淘尽了千古风流人物，苏轼自不能幸免，英雄将老，无限的失意与落寞尽在其中了，怎不令他倍感伤怀！

黄庭坚评《卜算子·黄州定慧院寓居作》这首词："语意高妙，似非吃烟火食人语，非胸中有万卷书，笔下无一点尘俗气，孰能至此！"

黄蓼园《蓼园词选》谓："语语双关，格奇而语隽，斯为超诣神品。"

唐圭璋先生认为此词上片写鸿见人，下片写人见鸿。此词借物比兴。人似飞鸿，飞鸿似人，非鸿非人，亦鸿亦人，人不掩鸿，鸿不掩人，人与鸿凝为一体，托鸿以见人。

连苏轼自己都说过："人似秋鸿来有信，去如春梦了无痕。"将人生比作鸿雁，代代往复，生生不已。

后人评价苏轼之词，常"触发于弗克自己，流露于不自知"。这正是苏轼的才学，气度，思想的体现。

也无风雨也无晴

莫听穿林打叶声，何妨吟啸且徐行。竹杖芒鞋轻胜马，谁怕？一蓑烟雨任平生。

料峭春风吹酒醒，微冷，山头斜照却相迎。回首向来萧瑟处，归去，也无风雨也无晴。

——《定风波·莫听穿林打叶声》

人生哪有一帆风顺，偶尔失意属于常态，总是失意，就考验人的意志了。

对待失意，有人奋起直追，有人看淡红尘，有人萎靡不振，一蹶不起。如何正确对待失意才是人间正道？经历了"乌台诗案"的苏轼，内心世界非常复杂，人生如此虚幻不定，难以预料，曾经那远大的志向和宏伟抱负几欲破碎。

郁不得志，友人远离，苏轼极为孤独。被贬黄州的第一个中秋前夕，苏轼写了一首《西江月·世事一场大梦》，这首词流露出了词人对世态炎凉的感愤，也包含了对亲人的无限思念。

如果沉浸其中不能出来，就不是苏轼了。

儒家经世济民，积极用"入世"思想是苏轼做官的目的，尽管"乌台诗案"让他的理想破灭了，但苏轼那份爱国爱民的心始终没变，在黄州，苏轼过了最初的不适阶段，很快调整心态，从容面对目前的生活。

苏轼好朋友多，常有朋友来拜访，他总是留客吃饭，家里的开销捉襟见肘。

黄州并非风调雨顺，碰上灾年，一家人吃什么喝什么？

对于这个问题，马梦得有了主意："咱们不如去太守那里要块地种。"

说到做到，他跑到太守徐君猷那里要田要地，起初太守并未应允，但马梦得这样的请求次数多了，太守总算拨了一块废弃的兵营给苏轼。

这块地约五十多亩，种庄稼不成问题。

有田地就有了希望，苏轼率领全家开荒种地。他们挥舞着锄头、镰刀，割草，搬瓦砾，挖水渠……田地有了模样，苏轼也成了农夫模样，又黑又瘦，身体却是更强壮了，能吃能睡，挑起担子也能轻松上坡下坎。

朋友们若是来拜访，见一家人忙碌，都纷纷加入垦荒的阵营。

有老农教他如何种田，告诉他地力不是无穷无尽的，不要用激素去催逼这地，不要让苗叶发黄等等，苏轼很是感动。

种田的苏轼，心系庄稼。麦子种下地，他每天都去察看，清除杂草，疏通水沟，很害怕霜霰来了，将自己辛辛苦苦种下的麦苗毁坏。

辛苦付出，收获满满。春天到了，满目新绿，夏季到了，麦子金黄。

陆游来到黄州地界，自州门向东，看到冈垄上人家的田地高低不平，到了苏轼的田地，呀！地势平旷开豁。

还有三间屋，做饭的房子叫居士亭，亭下面南一堂，很是气派，四面墙壁如雪，堂中间有苏轼的画像，戴着乌纱帽，穿着紫裘袍，手里横按筇杖，身倚巨石，颇是气派。这个厅堂有个好听的名字叫"雪堂"。还有四望亭，在高处，可以一览江河……

种地不是件诗意的事，苏轼一家人没有一个是农民出身，对于怎么把地种好，苏轼不断地虚心向附近的农人请教。

在黄州日子久了，苏轼不仅创作了大量的闻名于世的佳作，还打算在黄州买田，就在此长住。听说沙湖有肥田，苏轼便和朋友一起去看地。

一路上，大家有说有笑，很是开心，可是转眼间，乌云密布，风雨说来就来，同行有的抱着头，寻着遮风挡雨的地方跑去，有的衣裳湿了，帽子歪了，有的跑的鞋子差点掉了，看着大伙狼狈躲雨，苏轼淡然一笑。

他对这场说来就来的雨，并不躲闪。挺着胸膛迎着雨，继续走自己的路。雨也不客气，哗啦啦下个不停，苏轼浑身上下湿透了，淋得像一只落汤鸡，他不跑，也不寻躲雨的地方。

他觉得在雨中慢慢走，散步似的，人穿行在树林中，迎着忽明忽暗的天光，感觉挺好。

竹杖在手，草鞋轻便，步行胜于骑马。

一场疾雨，淋湿了苏轼，也浇灌着他的灵感。

一首《定风波·莫听穿林打叶声》由心中喷薄而出。

莫听穿林打叶声，何妨吟啸且徐行。竹杖芒鞋轻胜马，谁怕？一蓑烟雨任平生。

料峭春风吹酒醒，微冷，山头斜照却相迎。回首向来萧瑟处，归去，也无风雨也无晴。

这首词虽然是因一次途中遇雨的偶发小事而作，却表现了苏轼"不以物喜，不以己悲"笑傲人生的乐观豪放态度，这正是苏轼后半生的精神写照。

不用注意那穿林打叶的雨声，何妨放开喉咙吟唱，从容而行。竹杖和草鞋轻捷得胜过骑马，有什么可怕的？一身蓑衣任凭风吹雨打，照样过我的一生。

春风微凉，吹醒他的酒意，苏轼微微感觉有些冷，山头初晴的斜阳却应时相迎。回头望一眼走过来的风雨萧瑟的地方，雨后绿意盎然，一片清新气息扑面而来，信步归去，不管这天气是风雨加交还是晴空万里。

虽身处逆境，苏轼依然保持着旷达的心境，傲岸的心性，对困境安之若素，从容面对。"风雨"既然来了，既然躲不掉，就淡然面对吧。

在历经了政治上的风风雨雨后，苏轼越来越认同这种真真切切、平平淡淡的平民生活。

一首《定风波》宛如提供给风雨行人的心灵良药，使那些备受挫折的人，充满力量，正确对待人生中的风雨。

苏轼去沙湖看田，淋了一场雨，事后生病，在家煎药吃药，逗童，赏花，晒太阳，而他的《定风波》一经问世，就被传抄，风靡一时，流芳百世……

九死南荒吾不恨

参横斗转欲三更，苦雨终风也解晴。

云散月明谁点缀？天容海色本澄清。

空余鲁叟乘桴意，粗识轩辕奏乐声。

九死南荒吾不恨，兹游奇绝冠平生。

——《六月二十日夜渡海》

一个人人格的高下，常于困境中体现。风雨人生之中，能够淡定自若，宠辱不惊，并非易事。

苏东坡的一生，由青春得意，万人追捧，到被下狱，被贬逐，在各地流转，这"苦雨终风"没完没了，此起彼伏。

但是，当月亮被遮蔽的时候，眼中无月，可是月亮的光明并没有改变；当天空布满阴云的时候，蓝天不见，可是蓝天依然还在。

云会开雾会散，月亮依旧那样光明，蓝天还是那样澄清。

苏东坡的人生，亦如这云天，这明月，被遮蔽过，被阻拦着，可是，他的人生苦旅，也会由黑暗走向光明，由被贬异乡到重新启用。

苏东坡63岁时，身在儋州，被朝廷召还。平生经过那么多忧患，但任凭外界如何变化，他本身保持着旷达清明心却一直未变。

苏东坡去世前不久，好友李公麟给他画了一幅像。苏东坡亲自在画上题了一首诗。

心似已灰之木，身如不系之舟。

问汝平生功业，黄州惠州儋州。

黄州、惠州、儋州都是贬谪之所，但在苏东坡心中却成了他一生最绚烂的最有成就感的最难忘怀的福地。

在这诸多流放生涯中，苏东坡遭遇到一生最恶毒的迫害是绍圣四年（1097年）——放逐儋州。

儋州是当时最边远、最险恶的蛮荒之地，据《琼州府志》记载："此地有黎母山，诸蛮环居其下，黎分生、熟。生黎居深山，性犷悍，不服王化。""熟黎，性亦犷横，不问亲疏，一语不合，即持刀弓相问。"

苏东坡可以说是当时先进文化的最杰出的代表之一，好，把你放逐到原始部落里。

儋州地处热带，毒蛇猛兽遍地皆是，最令人恐怖的还有瘴疠和疟疾时时威胁着人们的生命。

《儋州志》记载："盖地极炎热，而海风甚寒，山中多雨多雾，林木荫翳，燥湿之气郁不能达，蒸而为云，停而在水，莫不有毒。""风之寒者，侵入肌窍；气之浊者，吸入口鼻；水之毒者，灌于胸腹肺腑，其不死者几稀矣。"

此时的苏东坡年至花甲，头白齿豁，衰弱不堪，被流放在这种环境极其恶劣的地方，此命堪忧。

苏东坡初到海南，海风苦寒，他内心淡然，写信朋友说："学道未至，静极生愁。"好在他还带了陶渊明的诗集，仿佛是精神的支柱，读陶诗可以养心的。

日子慢慢过吧，没有期限，不知未来。

饮食习惯，慢慢学着适应。

当地方言，慢慢学着听懂。

秋雨绵绵，就喝酒听雨吧。

苏东坡已经将海南当成了自己最后的归宿。他在写给朋友王敏仲的信中这样说："某垂老投荒，无复生之望，昨与长子迈决，已处置后事矣。今到海南，首当作棺，次当作墓。乃留手疏与诸子，死则葬海外。"

他连自己的身后之事都设想好了。

愁，无边无际地漫上心头。远离中原文明，生死未卜、前途渺茫，孤寂感油然而生。

苏东坡没有住的地方，州守张中敬佩苏东坡是一代文豪，不敢怠慢，便将他和幼子苏过安排在衙门里，让他们"住官房，吃官粮"。

可是，张中的举动被苏东坡的政敌们知道了，张中受了处分，苏东坡也从官舍中搬了出来。

岛上闹起饥荒，海上风波险恶，粮食运不进来。苏东坡父子饿得半夜呻吟，只能外出采野莓，寻涩果。

他们过着"食无肉、病无药、居无室、出无友、冬无炭、夏无寒泉（《与程秀才书》）"的生活。

海船终于来了，吃饭问题算是解决了。但苏东坡寻思着，要开垦种地。家里总是要囤些粮食，以免灾来无食。

没地方住，怎么办？当地百姓并不似传说中那么可怕，在他们眼里，苏东坡不是应避而远之的罪臣，而是一位知识丰富生活窘迫的老人。他们伸出热情的援助之手的，帮他盖起了五间房舍——桄榔庵。

他们还给苏东坡送来猪肉送来贝吉布送来自酿的浊酒。

面对淳朴热情的黎族百姓，苏东坡那颗已灰的赤子之心，再次慢慢地复燃起来。

天晴了，黎人、汉人，都在唱歌，调声奇特，苏东坡与苏过侧耳倾听，这曲调高亢时，如山巅之外飘来，低沉时，又似水波不兴。曲调中有着某种情愫和力量，苏东坡听不够地听。

他叹："蛮唱与黎歌，余音犹袅袅。"

这是儋州古调声，变调微妙，非常原生态，当地人边唱边舞，激情澎湃，节奏鲜明。苏东坡亦学着边歌边舞，一唱三叹……

苏东坡开始学当地土语，而当地人，也学他的眉山话。

孩子们很喜欢这个老人，一天，他喝醉了酒，晕晕乎乎地居然找不到自己家了。无奈之下，只好沿着路边的牛粪慢慢地走回家，但一路走去，依旧是懵懵懂懂的，幸好有几个调皮的小孩子，吹着自制的哨子将这个老头子送回了家。

黎人疏于耕种，以打猎为生，苏东坡辟田种地，带领百姓积极垦荒，种植稻麦菽粟等粮食作物。

苏东坡见当地百姓常年饮用咸滩积水，容易患病。他就背起药篓，拿起竹杖，去野外采药，回来又忙着煎药，医治乡邻，渐渐地，岛上人都知道苏东坡的药有奇效，纷纷前来求药。他调制的专治跌打损伤的"四神丹"，也非常有效，迅速传到了外地。

为解除民众疾苦，苏东坡亲自带领乡民挖井取水饮用。井水清凉甘甜，做出的食物也美味可口，一时间，当地人挖井成风，改变了当地乡民的饮水习惯。乡民们亲切地把苏东坡带领下挖的那口井称为"东坡井"。

海南雨多，当地人送他斗笠，这位老人便戴斗笠，着木屐，背个药囊，拄着拐杖笑呵呵地外出转悠。

路上，遇到默默无名的读书人、猎户、农夫、田野里的老婆婆、村里的小顽童……他便停下来，坐在田头、溪边、村路旁和他们闲聊起来。

五老峰前，曾有白鹤降落此处，松树茂盛，绿荫遮庭，东坡每在风日清美之时，独自出游，经过一家门外，没听到有人说话的声音，却时时有棋子落在棋盘上发出清脆的响声，他兴冲冲地去观战，看下棋的人，赢的开心，输的也开心。

这天，张中和苏东坡一同前往拜访朋友黎子云，他们看看黎子云住的这房子太破了，四处漏风，他家的伙食也简陋，以蔬菜为食。大家想帮助清贫的子云，于是就有人当场提议凑钱为其建造新屋。新居建好，苏东坡给黎氏新居命名为"载酒堂"。

黎子云没有将这一新居独享，他想：儋州的教育如此落后，有东坡这样的饱学之士被贬南来，可以将载酒堂办成教育之所，请东坡来讲学。

能为当地培养人才，东坡自然很高兴。他在载酒堂、桃榔庵讲学明道，教化日兴。他自编讲义，教书育人。

屋外天高云阔，海风吹抚，碧海银沙，椰林浓绿，屋内书声琅琅，墨味飘香，甚是美妙。

荒蛮之地也出人才了，苏东坡在海南的弟子姜唐佐中皇榜了，那是儋州历史上第一个中举者。在姜唐佐之后，陆续又有海南子弟考中科举。

整个宋朝，海南一共出了12位进士，这与苏东坡在当地进行文化教育，传播中原文明的努力是分不开的。

孤悬海外的陋所，何尝不能转化为天堂？何谓"天堂"？人们能够自由地和谐地生活在一起，没有忧愁，没有算计，天天沉醉在一种陶然的幸福中，不就是天堂吗？

元符三年（1100年）正月，哲宗驾崩，徽宗即位。朝廷按例大赦天下。这年5月，63岁的苏东坡终于熬到了离开海南岛的日子！

眼看就要离开这些共同生活了3年的海南百姓，东坡又是恋恋不舍的。

在海南生活三年，苏东坡毫不悔恨，他把这当成了他一生最奇绝的最难以割舍的生命历程。在6月20日离开海南时，他写下著名的《六月二十日渡海》。

参横斗转欲三更，苦雨终日也解晴。云散月明谁点缀，天容海色本澄清。

空余鲁叟乘桴意，粗识轩辕奏乐声。九死南荒吾不恨，兹游奇绝冠平生。

三年流放，九死一生，皆落在"兹游奇绝"四个字上。

"如果不是到了这里，我就不知道大自然中还有这样一种与中原风景不同的山水。"这绝不是一般人的心境能够想得开的。东坡的乐观胸襟，豁达精神，不屈意志，全在笔下流露出来了。

经过这长久的雨和狂暴的风，上天终于也知道给他一个天晴的时候了。

那些磨难，不但没有遏住苏东坡生命江流的奔涌，反而成就了他生命的激荡与辉煌。

第六章

万象入我摩尼珠

竹影月光、积水深潭、扁舟短棹、百步洪激……苏轼醉湖光山色中，生活处处皆风景，于眼中所见，化为心中所思。这自然万象，入我摩泥珠。而苏轼自己，将整个身心投射到山水自然之中，臻于「嗒然遗其身」的心物合一的化境。

快哉亭下水连空

落日绣帘卷，亭下水连空。知君为我新作，窗户湿青红。

长记平山堂上，欹枕江南烟雨，杳杳没孤鸿。认得醉翁语，山色有无中。

一千顷，都镜净，倒碧峰。忽然浪起，掀舞一叶白头翁。

堪笑兰台公子，未解庄生天籁，刚道有雌雄。一点浩然气，千里快哉风。

——《水调歌头黄州快哉亭赠张偓佺》

人生快哉之事甚多，夏日的一杯冰镇汽水，冬日热气腾腾的火锅，朋友之约，对酒当歌，皆可谓"快哉"。

苏轼在黄州，快哉之事亦多。

苏轼自贬官黄州，转眼3年过去，宋神宗元丰六年（1083年）3月，张怀民也贬官在黄州，他也不把被贬官视为忧愁，常利用公事之余，置身自然，怡情养性，释放身心，超然于忧患之外，苏轼颇为欣赏，同为天涯沦落人，气味相投，自为好友，交往密切。

是年10月12日，这夜，苏轼解衣欲睡，却见月上中天，庭下被月光照得一片空明。苏轼身为被朝廷所贬谪的"罪人"，交游断绝、门庭冷落，这月光毫无势利，在寂寥的寒夜里，依然来拜访他，苏轼不由得生出夜游的兴致。

他随即起身出门，很想找个可以共同游乐的人，于是趁着月色，来到承天寺，轻轻敲门。好友之间，心有灵犀情，情怀相似，张怀民亦未寝，二人长衫款款，信步于庭院中散步。

此时，月光清朗，洒落庭中，那一片清辉白茫茫一片好似积水深潭一般，"水"中还有水草漂浮，游荡，于是乎恍恍然便如仙境一般了。

两人谈兴甚高，又有轻风徐徐，暗香浮动，夜风吹过，苍松与翠竹时有"沙沙"轻响。

两个人皆有光明磊落、胸无尘俗的襟怀，见觉得这月下空庭，似那冰清玉洁的世界。

苏轼想，这普天之下，哪一个夜晚没有月亮？哪个地方没有竹子和松柏呢？只是缺少像我们两个这样清闲的人罢了，他将自己此时兴致挥笔记下，这便是著名的《记承天寺夜游》一文。

元丰六年十月十二日夜，解衣欲睡，月色入户，欣然起行。念无与为乐者，遂至承天寺寻张怀民。怀民亦未寝，相与步于中庭。

庭下如积水空明，水中藻荇交横，盖竹柏影也。何夜无月？何处无竹柏？但少闲人如吾两人者耳。

竹、柏之影与月光之洁，使得一切都如此幽美肃穆，月明何似心明呀，那些追名逐利的小人，趋炎附势，奔走钻营，陷入那茫茫宦海而难以自拔，何曾得暇领略这清虚冷月的仙境，此地尚美，此心安闲自适，亦为快哉。

11月，张怀民在其新居西南筑亭，这个地势，可观江水奔腾，风云变化，荡涤生层云。

亭子筑成，人于亭中，能观长江南北上百里、东西三十里。波涛汹涌，风云变化尽收眼底。

白天，船只在亭前来往出没；夜间，鱼龙在亭下的江水中悲声长啸。

每见这景物变化之快，张怀民犹言惊心动魄。

亭台窗户涂着青红两色油漆，油漆未干，他已经迫不及待地邀请好友苏轼来这亭子里观赏长江美景。

两人登亭远眺，亭下江水与碧空相接、远处夕阳与亭台相映。

苏轼观此景时想起当年恩师欧阳修所建的平山堂了。那亦是幽静所在，也是个驰目骋怀的好地方。

平山堂门外建了木棚，棚上爬满藤蔓，人走入便感到一片荫凉。堂前古藤错节，芭蕉肥美，通堂式的敞厅之上，"平山堂"三个大字的匾额高悬。

堂为敞口厅，面阔五间。堂前有石砌平台，名为行春台。台前围以栏杆，栏下为一深池，池内修竹千竿，绿荫苒苒，因风摇曳。

凭栏远眺，"江南诸山，拱揖槛前，若可攀跻"，含青吐翠，飞扑于眉睫似与堂平。

苏轼曾在扬州平山堂领略江南烟雨那"衔远山，吞长江，其西南诸峰，林壑尤美；送夕阳，迎素月，当春夏之交，草木际天"的美景，那"杳杳没孤鸿"的若隐若现、若有若无、高远空濛的江南山色让他难忘。

此时，苏轼在张怀民所建的亭中赏景，蓬草编门，破罐为窗，亦觉有意境，仿佛内心也被清澈的长江中洗涤着。

黄昏时分，夕阳西下，他们卷起绣帘眺望远方，水天一色，夕阳将亭台笼罩其间，如置身画中。

广阔的水面十分明净，山峰翠绿的影子倒映其中。长江流出西陵峡，进入平缓之处，水势奔腾阔大。从南边与沅水、湘水汇聚，向北边与汉水汇聚，水势显得更加盛大。一阵巨风，江面倏忽变化，涛澜汹涌，风云开阖，一个渔翁驾着一叶小舟，在狂风巨浪中掀舞。

苏轼与张怀民在亭中观江景，感受自然之浩大，心中快意顿生。

苏轼为张怀民所建的亭起名为"快哉亭"，并赠他这首《水调歌头》。

落日绣帘卷，亭下水连空。知君为我新作，窗户湿青红。

长记平山堂上，欹枕江南烟雨，杳杳没孤鸿。认得醉翁语，山色有无中。

一千顷，都镜净，倒碧峰。忽然浪起，掀舞一叶白头翁。

堪笑兰台公子，未解庄生天籁，刚道有雌雄。一点浩然气，千里快哉风。

苏轼江湖豪兴亦然被这广阔江面倏忽变化、动心骇目的壮观场面感动着。那奋力搏击风涛的白发老翁，在风波浪尖上弄舟，何尝不是"一点浩然气，千里快哉风"！

赏的是景，说的是人，苏轼用这豪气干云的惊世骇俗之语昭告世人：一个人只要具备了至大至刚的浩然之气，就能超凡脱俗，刚直不阿，坦然自适，在任何境遇中，都能处之泰然，享受到使人感到无穷快意的千里雄风。

欲待曲终寻问取

凤凰山下雨初晴。水风清。晚霞明。一朵芙蕖，
开过尚盈盈。何处飞来双白鹭，如有意，慕娉婷。

忽闻江上弄哀筝。苦含情，遣谁听。烟敛云收，
依约是湘灵。欲待曲终寻问取，人不见，数峰青。

——《江城子·湖上与张先同赋时闻弹筝》

"上有天堂，下有苏杭。"柳永有"东南形胜，三吴都
会，钱塘自古繁华"，苏轼亦有"水光潋滟晴方好，山色空濛
雨亦奇。欲把西湖比西子，淡妆浓抹总相宜"。

苏轼一生两次至杭州任职，在他眼中，杭州是一个充满诗
意的地方。

苏轼在杭州，任通判之职，也就是杭州城最高长官的助
理。在工作闲暇之余，苏轼几乎走遍了杭州的山山水水。

山水自然，禅理诗情，互相融通，相互生发。这西湖的美
景也自然而然地抚慰了他因不得志而郁闷的心情。

虽说他感到不被重用，但还是在这山水之间做了一个心系百姓的好官，协助太守修治六井、组织灭蝗灾的行动、赈济灾民……

杭州水美山亦美，山是凤凰山。此山位于杭州西南面，主峰海拔178米，北近西湖，南接江滨，形若飞凤，故名。

凤凰山的半山腰有个巨型建筑望海楼，高达百尺，建于唐朝。百年风雨依然岿然不动。登楼台可望钱塘江。浪扑崖石，飞珠溅玉。钱塘门外有古寺，寺前望湖楼，此楼观湖最佳处。人于楼台眺望，天水茫茫，孤山耸立，舟楫往来。

往来的舟楫中，有持长竿的渔夫，有运输的小贩，有洗衣的渔女，亦有弹琴的歌妓。

这日，苏轼与好友张先亦至凤凰山下，游湖赏美景。

张先，字子野，乌程（今浙江湖州）人，是北宋著名的词人，婉约派代表人物。当时，张先已经80余岁了，苏轼与张先虽然年龄悬殊四十几数，但却是忘年交，关系极好，经常切磋诗词，平时还经常互相开玩笑。

张先一生安享富贵，诗酒风流，佳话颇多。苏轼曾赠诗"诗人老去莺莺在，公子归来燕燕忙"为其生活写照。

据传张先在80岁时仍娶18岁的女子为妾。一次家宴上，张先春风得意赋诗一首："我年八十卿十八，卿是红颜我白发。与卿颠倒本同庚，只隔中间一花甲。"

苏轼也即兴附上了一首："十八新娘八十郎，苍苍白发对红妆。鸳鸯被里成双夜，一树梨花压海棠。"打趣张先。可见这对朋友关系好到什么程度呀！

张先初以《行香子》"心中事，眼中泪，意中人"之句，被人称之为"张三中"。张先对人说："何不称为'张三影'，'云破月来花弄影''娇柔懒起，帘幕卷花影''柔柳摇摇，堕轻絮无影'，都是我的得意之句。"世人遂称之为"张三影"。

苏轼与张三影此时于雨后初晴的西湖游览。

凤凰山下，云淡风轻，明丽的晚霞映衬着湖光山色，水光接天，碧波红霞，自是一番风情在眼前。

他们泛舟湖上，湖中荷花亭亭玉立，虽已开过，却依然淡若君子，美丽娴静，不失温婉。

天公作美，送来一叶小舟，几位佳丽。苏轼见其中一位尤其美丽，正在鼓筝，年约30岁，风韵娴雅，绰有姿态。

鼓筝女子，定睛望着苏轼，眼神大胆，倒使苏轼避其目光，渐闻舟上弹筝声起，筝曲哀伤，情于筝声，亦是如泣如诉，莫不使人动情，细听之下，岑岑淙淙，似浪涛划过水面，又似心事抚转心田，苦含情，遣谁听。烟敛云收，依约是湘灵。

张先与苏轼对望，此曲何曾天上有？

这水光一色中，有白鹭飞过，停在远处岩滩，仿若静观这如诗湖景，又似迷恋那弹筝人的曲子。这白鹭似乎在侧耳聆听，一会儿在水面低徊，一会儿又停下不动，亦不知，是鹭与人相仿，还是人与鹭同痴。

这江上哀伤的调子，隐隐约约，曲不尽而意长，含着悲苦，听来并非使人欢喜，却使烟霭敛容，云彩收色。

曲诉人心，这曲子就好似是湘水女神奏瑟倾诉自己的哀伤。

苏轼与张先亦如那白鹭，听得此曲，竟然神思恍惚，不知何所以，不问何所终，只是呆立于如鹭，静而听之。

一曲终了，船中女子飘然远逝，青翠的山峰，仍然静静地立在湖边，那哀怨的乐曲仍然回荡在山间水际。

湖光山色，有曲如此，叫人听得入了神，他俩人眼睛眨也不眨的目送这彩舟越来越远，翩然不见。这个夏日，苏轼于西湖边作长短句：

凤凰山下雨初晴。水风清。晚霞明。一朵芙蕖，开过尚盈盈。何处飞来双白鹭，如有意，慕娉婷。

忽闻江上弄哀筝。苦含情，遣谁听。烟敛云收，依约是湘灵。欲待曲终寻问取，人不见，数峰青。

苏轼惆怅，那拨动心弦的琴声，还有女子那灼灼目光依然在心中缠绕，那使自己为之心动的人再也不会见到了。

几日后，苏轼又去游湖，他没想到，又遇见那位女子。她独自驾舟而来，颤然对苏轼说自己对他倾慕已久，可是，已嫁为人妇，闻公游湖，遂景慕以视之。

美是叫人欣赏，使人悦怀。据《墨庄漫录》记载，弹筝人三十余岁，"风韵娴雅，绰有态度"。

苏轼写下《江城子》，纪念这次恰到佳处的邂逅。虽然只是邂逅，但此曲却已传遍大地南北，在那烟波江上传唱不休……

第六章 万象入我摩尼珠

名寻道人实自娱

天欲雪，云满湖，楼台明灭山有无。水清出石鱼可数，林深无人鸟相呼。

腊日不归对妻孥，名寻道人实自娱。道人之居在何许？宝云山前路盘纡。

孤山孤绝谁肯庐？道人有道山不孤。纸窗竹屋深自暖，拥褐坐睡依团蒲。

天寒路远愁仆夫，整驾催归及未晡。出山回望云木合，但见野鹘盘浮图。

兹游淡薄欢有余，到家怳如梦蘧蘧。作诗火急追亡逋，清景一失后难摹。

——《腊日游孤山访惠勤惠思二僧》

杭州虽美，但若是请求辞职离开京城，下调而来，人的心情还是不佳的。

熙宁四年（1071年）苏轼上书谈论新法的弊病，王安石

一蓑烟雨任平生：苏东坡词传

相当愤怒，让御史谢景在皇帝跟前说苏轼的过失。皇帝虽然不是偏听偏信，只是攻击苏轼的人多了，苏轼亦不想留在是非之地，索性请求出京任职，于是被派往杭州任通判。

苏轼至杭州，入住通判南厅。另一位姓鲁的通判住北厅。

杭州太守沈立，为人面善，为官谨慎。苏通判至杭州，沈太守召集群僚为苏轼接风洗尘。席间，鲁通判处处压制苏通判。

偌大的官厅，大家分两排席地而坐，按资排辈，太守居中，两通判分列左右，依次下去，长史、监司、诸曹、主簿……

席间是美酒佳肴，席前是歌舞助兴。看着这些人七嘴八舌，而独自己于此间，显得格外生分，太守沈立客气地向他敬酒，不谈公事。鲁通判则嗓门高大，完全不把苏轼看在眼里。

苏轼顶撞皇帝，反对王安石，他的才气，他的脾气，他的得势与失势，谁不知道？

宴席至夜深方散，苏轼回到家，独坐灯下思索了很久。

恩师欧阳修一再嘱咐，如果你有看不下去的事情，或者积聚于心的怒火，就去山里找僧家聊叙，你"性不忍事"，会惹火烧身。

次日，家里开始生火做饭，依照风俗，这天祭灶，邀请四邻。满桌佳肴，客皆至此，唯鲁通判借故不至，只打发一个属吏前来应付。苏轼浑不计较，席间畅饮。

至杭州第三日，苏轼带着仆夫，出钱塘门。

孤山，闻其名便知，乃湖中一孤峙之岛。它位于西湖西北角，四面环水，一山独特，山虽不高，却是观赏西湖景色最佳之地。因多梅花，一名梅屿。

孤山海拔38米，为西湖群山最低的山，然而却是湖中最大的岛屿，也是湖中唯一的天然岛屿。白居易称之为"蓬莱宫在水中央"。

有诗为证："钱塘之胜在西湖，西湖之奇在孤山。"

此日昏沉欲雪，西湖上空满积着阴云，低低地压着湖面，湖边的楼台与重重叠叠的青山，笼罩在烟雾之中，若隐若现。

苏轼乘船入孤山，行驶于水清如碧的湖中，望远山如墨，四下一片静美，闲眺西湖秀色，领略"面面有情，环水抱山山抱水"的景致。

苏轼上得山来，漫步山中，溪水清澈，水底的石块游鱼历历可数；人迹罕至，鸟儿在山中自由啁哳宛啭。

在这又静又深幽的孤山中，苏轼顺着盘曲迂回的山路慢慢走着，僧人们的禅房在那宝云山上隐约可见。他想及陶渊明的诗句"结庐在人境，而无车马喧。问君何能尔，心远地自偏"，觉得此处真是远离尘嚣，是结庐修身养性的好地方。

抵达寺庙，轩窗紧闭，竹屋幽静暖和。惠勤与惠思，裹着灰布僧衣，正静静地在蒲团上打坐。

苏轼拜访二僧，大家相谈甚欢。不知不觉，他在山中已待了半天，二僧请苏轼用了斋饭，他又虔诚地拜了佛陀，与二僧品香茗，论佛道。

眼见天渐渐晚了，因天寒路远，仆夫催着苏轼回家。时至腊月，湖山之上，铅云低沉，似要降雪。

两位僧人客气地将苏轼送出寺门，盛情邀请他得空再来山寺品茶。

此时还未到黄昏日暮，出山回望山中景色，树木都笼罩着烟云，一片模糊；有一只野鹘，在佛塔上空盘旋。

这次出游虽然淡薄，但苏轼心中充溢着快乐。与其说是访僧其实何尝不是他在寻找一种放松心情的办法？亲近山水，养心怡情，放空那些压抑在心头的情绪。

苏轼回到家中，神思恍惚，真像是刚从梦中醒来，山中景致还历历在目。苏轼急忙提笔写下了《腊日游孤山访惠勤惠思二僧》，生怕稍有延迟，那清丽的景色便从脑海中消失，再也难以描摹。

天欲雪，云满湖，楼台明灭山有无。水清出石鱼可数，林深无人鸟相呼。

腊日不归对妻孥，名寻道人实自娱。道人之居在何许？宝云山前路盘纡。

孤山孤绝谁肯庐？道人有道山不孤。纸窗竹屋深自暖，拥褐坐睡依团蒲。

天寒路远愁仆夫，整驾催归及未晡。出山回望云木合，但见野鹘盘浮图。

兹游淡薄欢有余，到家恍如梦蘧蘧。作诗火急追亡逋，清景一失后难摹。

此次访谈，苏轼与二僧颇是投缘，觉得不虚此行。写诗留念，将自己此次拜访二僧时那游之乐及游之情都表达了出来。

僧人的清静无为影响着苏轼，凤凰山上的孤松，西湖深处的孤山，恰是苏轼此时心境写照。

爱新觉罗·弘历《唐宋诗醇》对此诗有评价："语语清景，亦语语自娱，而道人有道之处，已於言外得之。栩栩欲仙，何必涤笔於冰瓯雪碗。"

纪昀《纪评苏诗》："忽叠韵，忽隔句韵，音节之妙，动合天然，不容凑泊。"

苏轼初与孤山结缘，遇上的是"天欲雪，云满湖，楼台明灭山有无"。他心里裹着的灰色云团，经此一游，渐渐舒散，那皱紧的眉头也悄然舒展。

腊月过去，那充满朝气的春天也就越来越近了……

棹舟携游百步洪

长洪斗落生跳波，轻舟南下如投梭。水师绝叫凫雁起，乱石一线争磋磨。

有如兔走鹰隼落，骏马下注千丈坡。断弦离柱箭脱手，飞电过隙珠翻荷。

四山眩转风掠耳，但见流沫生千涡。险中得乐虽一快，何异水伯夸秋河。

我生乘化日夜逝，坐觉一念逾新罗。纷纷争夺醉梦里，岂信荆棘埋铜驼。

觉来俯仰失千劫，回视此水殊委蛇。君看岸边苍石上，古来篙眼如蜂窠。

但应此心无所住，造物虽驶如余何。回船上马各归去，多言譊譊师所呵。

——《百步洪》

生活处处皆风景，山水田园于眼中所见，会化为心中所思。

无处不在的景，无处不在的心情，以怎样的心情去赏景，就会生出怎样的境界。

当你仰望星空，那闪亮的星星会否倏地一下就钻进你的心里？

当你俯身嗅花，那心里可曾装进春色满园？

山水不语，却可使你生出千言万语。苏轼于徐州，游百步洪，又生出怎样的气度？

百步洪位于徐州城东南二里处（今徐州市区和平桥一带），有巨石盘踞，巉岩崛崎，汴泗流经其上，冲激怒号，惊涛奔浪，迅疾而下，水中行舟，很是艰险，一不小心，就会翻船。

元傅汝砺《徐州洪神庙碑记》描述："凡至洪下者，必舣舟弭楫，股栗睥睨不敢发。莫不割牲醼酒，恭谒庙貌，睢盱俱伺，以听神命，吉凶逆丛，昭答如响。少有凭忽，舟上下失势，沦溺者往往有之。"

宋神宗元丰元年（1078年）秋，苏轼在徐州知州任上，曾与诗僧参寥一同放舟游于此。

二人坐在舟中，流水被这乱石阻激，陡起猛落，急湍跳荡。他们的小舟行于这急流中，像投掷梭子一样，在水中时高时低，飘忽不定。哪怕就是经常驾船行驶的行家，也会忍不住急呼，那大声的惊叫，时不时惊飞水边野鸭。

不一会儿，小舟于水中急转而下，遇到一线急流，直冲而下，撞击在乱石上，与那石头互相磋磨，发出"轰轰"的响声。

苏轼见这水流迅猛，如狡兔疾走，鹰隼猛落，又似骏马奔下千丈的险坡，两人乘坐的这轻舟，在这波峰浪谷中，如断弦离柱，似飞箭脱手，顺着流水直奔而下，难以控制。

苏轼紧紧抓住船舷，他的身体随着小舟的旋转、顿跳、疾驰而不停地前俯后仰。突然间，小舟撞击到岩边岩壁，迅速扭转了方向，他只觉得四面的山峰仿佛都在旋转着，风在耳边呼呼作响，让他心动神驰。

流沫飞逝，百漩千涡，奇险异常。

苏轼游百步洪，兴致颇高，精神大振，他对参寥说："想不到凭着秋水之涨，江水竟然有如此的威力。"

苏轼在这百步洪中漂流探险，感其险，游其乐，故而思：人生在世，生命何尝不似这逝水，不舍昼夜，奔流不复还呢？

时间可以流逝，身体可以老去，可是，人的意念，却可以任意驰骋，不受时空限制，一念之间，可逾越万千境界。

他由流水想时光变迁，世事变化，产生追问：那洛阳宫门前的铜驼，竟会埋没在荆棘里面呢，这种世事变化的反复，看起来比洪水的奔流还要快些，可谁又能理解呢？

他挥笔写下《百步洪》赠与参寥。

长洪斗落生跳波，轻舟南下如投梭。水师绝叫凫雁起，乱石一线争磋磨。

有如兔走鹰隼落，骏马下注千丈坡。断弦离柱箭脱手，飞电过隙珠翻荷。

四山眩转风掠耳，但见流沫生千涡。险中得乐虽一快，何异水伯夸秋河。

我生乘化日夜逝，坐觉一念逾新罗。纷纷争夺醉梦里，岂信荆棘埋铜驼。

觉来俯仰失千劫，回视此水殊委蛇。君看岸边苍石上，古来篙眼如蜂窠。

但应此心无所住，造物虽驶如余何。回船上马各归去，多言譊譊师所呵。

苏轼此次与参寥百步洪探险，非常尽兴，游览不只是体验生活与寻找刺激，更是觉悟：俯仰之间，便像已经越过了千种劫波。

光阴逝去，回望流水，依然在那里，依然流淌如委蛇。那些岸边的苍石上，还留有蜂巢一般的篙眼。而古人也曾有过许多遗址曾留下，现在却也不见了，一切都存在着，一切也在消失着。

游百步洪中，苏轼的心超然于百步洪外，由这逝水，想及自己内心能够旷达，不为外物所牵绊，便是自由的。

漂流结束，船靠近岸边，船上的人也都下了船，大家各自上了马，挥手告别，向着归途奔去。

历史上多数诗人笔下的山水诗，皆将自然看作是体道之物，媚道之形，或是情感载体，以借山水描述，浇胸中之块垒。

苏轼眼中山山水水，既不像魏晋六朝的诗人那样站在自然之外，也不像唐时写自然诗那样，身于自然之中，而是站在了自然之上，以自然之景引出禅意人生。

苏轼眼中景，心中意，归至人生清清明明的思想根源：人生有限，宇宙无穷，人应超脱旷达，不为外物所奴役的道理。

诗的结尾"多言诮诮师所呵"非常幽默，他打趣地说："再多说多辩，参寥禅师是会呵责的。"显示出苏轼笔之所至、无所不适的超迈风格。

自然万象，入佛祖手中的摩泥珠。而苏轼自己，将整个身心投射到山水自然之中，臻于"嗒然遗其身"的心物合一的化境。

自然而然，他用"智渡"的方式"返照"于自身，自然之中，他的心灵上升到一个更高远的层次。

第七章
聚物夭美养老饕餮

关于美食，不同人有不同的语言来赞美它。「食物，和爱一样温柔。」也有人说：「再简单的食物都有自己的灵魂，人生有很多味道无法复制。」

东坡自笑平生为口忙，他深入生活，感受生活，即使生活并不如意，但他依然活出别人所没有的精彩，用豁达的胸襟去品尝生活中的滋味……

东坡肉颂滋味香

净洗铛，少著水，柴头罨烟焰不起。待他自熟莫催他，火候足时他自美。

黄州好猪肉，价贱如泥土。贵者不肯吃，贫者不解煮。

早晨起来打两碗，饱得自家君莫管。

——《猪肉颂》

美食是身体的歌曲，歌曲是心灵的美食。人们常将赏花、听雨、着棋、观戏，尝美食……视为人生之乐。

美食当前，陆游赞："东门买彘骨，醯酱点橙薤。蒸鸡最知名，美不数鱼鳖。"杜甫言："鲜鲫食丝脍，香芹碧涧羹；蜀酒浓无敌，江鱼美可求。"……

苏东坡对美食更是情有独钟。温婉时，他吟"正是河豚欲上时"；来劲了，他喊"日啖荔枝三百颗"。

苏东坡的诗词书稿，其中有很多与美食有关的佳文，《菜羹赋》《食猪肉诗》《豆粥》《鲸鱼行》……以及著名的《老饕赋》。

文豪谈吃，更是诗中有食，食中有诗。

若将苏东坡谈美食的诗都集中起来，想必亦是可以成为一本《东坡谈吃》的畅销书，他是我国古代饮食文化史上重要代表人物之一，在饮食文化方面的贡献颇大。

苏东坡初到黄州，入住定惠院，寺中清斋吃得让人头疼，又没具体工作要他去做，起初的苏东坡实在是闲，闷，忧郁。

打发闲与闷，排除忧郁情绪，苏东坡要来点正能量。

他念佛、沐浴、梳头、钓鱼、采药、饮酒挥毫，有时独自游湖，匹马散游……

人生失意，苏东坡有七律《初到黄州》：

自笑平生为口忙，老来事业转荒唐。长江绕郭知鱼美，好竹连山觉笋香。

逐客不妨员外置，诗人例作水曹郎。只惭无补丝毫事，尚费官家压酒囊。

一个人，既有经天纬地之才，又能醉心于生活，不为外物所困惑，内心清明自在，自有一股神仙气质，他被贬黄州，不为生活所役，随遇而安，已有"坡仙"之美名。

"坡仙"可是接地气的，并非不食人间烟火，黄州东坡那块田，有庄稼要他去亲力亲为，"农家少闲日，五月人倍忙"。

一家人，有的洗衣做饭，有的送饭送水到田头，收割麦子的苏东坡俨然一位农家翁。

孩子们田头拾穗，妻子忙碌灶前，朋友们前来帮忙。

日子快活，生活忙碌，心情顺畅。

虽然他是被贬之臣，情绪低沉只是一时，随着时间过去，他的心也渐而开朗，想到的是美味的江鱼，山里的嫩笋，那都是好吃的东西。

想到了，自然要去向美食靠拢。

苏东坡烹调手艺很不一般，常会发明一些美味佳肴。

这年冬季，雪落，朋友们欢聚雪堂，外面天地茫茫，室内人语喧喧。

当地猪多肉贱，东坡对猪肉爱得深沉，他曾用猪肉比喻自己生平所学，在《答毕仲举书》写道："公之所谈，譬之饮食龙肉也，而仆之所学，猪肉也，猪之与龙，则有间矣，然公终日说龙肉，不如仆之食猪肉实美而真饱也。"（你的学识好比龙肉，我的学问好比猪肉。猪龙之间虽然有差别，但是你整日说龙肉，不如我吃猪肉既美味又管饱呢。）

此时，苏东坡琢磨着怎么才能把这猪肉做得好吃美味，招待朋友，让大家吃得尽兴。

两只铁锅架于灶上，整上十斤带皮五花猪肉，切块，入锅。

锅洗净，少许水，燃上柴木，偏用小火，几条小火舌慢舔锅底。

这边朝云摆弄兔丝盏，洗茶，斟茶，大家饮茶，闲聊。

陈季常问："子瞻今日又去哪里留了仙迹？"

秦观笑："苏子您提梁壶，今年黄州初试，明年各地流行。"

巢谷馋那五花肉，久食斋食，清汤寡淡，如今闻那肉香更是馋虫乱窜。他急欲近灶去催促，苏东坡笑着摆手："莫急莫急。"

众人围坐桌前，品茶，谈天，论为民造福之事，兴致盎然。

天已沉，入三更，久闷于锅中的猪肉已熟透，肉香袅袅，于空气中飘浮不去。

巢谷已按捺不住，急欲揭锅去尝。苏东坡笑："我书一纸《猪肉颂》给你，闲时一阅，或可解馋。"

朝云磨墨，子瞻提笔挥就：

净洗铛，少著水，柴头罨烟焰不起。待他自熟莫催他，火候足时他自美。

黄州好猪肉，价贱如泥土。贵者不肯吃，贫者不解煮。

早晨起来打两碗，饱得自家君莫管。

苏东坡字肥而有力，参廖子笑着说："苏轼的妙笔，满纸猪跑。"

巢谷此时心花怒放："今日一幅《猪肉颂》，他年可换百头猪。"

宋神宗驾崩，苏东坡重被起用，调至杭州做官。

此时杭州，与他二十年前任职时，全然不同。那歌舞升平的西湖已被葑草淹没了大半，西湖淤塞，气息奄奄。

苏东坡面对此境，忧心忡忡，他发动数万民工除葑田、疏湖港，把挖起来的泥堆筑了长堤……

苏东坡不分昼夜，巡视现场，与民工同吃饭，共饮水，不辞辛劳。

这糙米粗饭，个个皆吃得喷香。东坡与民共苦，改造西湖。长堤建成，东坡欢喜诗曰："六桥横接天汉上，北山始与南屏通。忽惊二十五万丈，老葑席卷苍烟空。"

后人称此长堤为苏公堤。此举，这不仅让西湖免遭淤塞，也改善了西湖的水质。在第二年渔民和莲农大获丰收。

百姓赞颂苏东坡的功德，端午时节，大家纷纷抬酒肉到太守府上。苏东坡推辞不掉，吩咐下去，将肉切成方块，用自家的烹调方法"少著水，柴头罨烟焰不起。待他自熟莫催他，火候足时他自美"烧制，连酒一起按照民工花名册送给每家每户。

家人烧制时，误将"连酒一起送"领会成"连酒一起烧"，没想到，烧制出来的红烧肉，更加香酥味美。

百姓们尝到苏府送来的肉，感觉味道鲜美，肥而不腻，纷纷效仿。以"慢火，少水，多酒"来制作这道菜。为纪念苏东坡，此道菜以东坡命名，为"东坡肉"。

东坡肉以色泽红艳、汁浓味醇、肉酥烂而不碎、味香糯而不腻的特点，如今已成为中外闻名的杭州传统风味名菜。

东坡研究出的美食，何止"东坡肉"。东坡肘子，东坡鱼，东坡豆腐，东坡饼，东坡羹，东坡茶，东坡酥、东坡凉粉……足以成为一桌东坡席，他的"自笑平生为口忙"一句话道出这位热爱生活的才子绝对是诗人中的吃货，吃货中的诗神。

此生有味在三余

枇杷已熟粲金珠，桑落初尝滟玉蛆。暂借垂莲十
分盏，一浇空腹五车书。

青浮卵碗槐芽饼，红点冰盘藿叶鱼。醉饱高眠真
事业，此生有味在三余。

——《二月十九日携白酒鲈鱼过詹使君食槐叶冷淘》

心中有美，于眼中所见便是美的。普通俗物，苏东坡眼
中，也别有风情。不仅风情万种，还美不胜收。

成熟的枇杷金灿灿的挂满枝头，像璀璨饱满的金珠，熟透
的桑葚色美味也美。垂莲作盏，用以饮酒，红点冰盘以盛鱼，
槐芽饼，藿叶鱼，虽然算不上珍馐美馔，但至苏东坡笔下，都
是美味佳肴。

能有心境吃这些美味，我们看到的是一个豁达而超然的苏
东坡。

但事实上，写这首诗的时候，苏东坡年近6旬，被贬谪到

一蓑烟雨任平生：苏东坡词传

惠州。

彼时，苏东坡"罪恶滔天"，新朋旧友，人人自危，同僚部属，避之不及。

但是也有人对他依然十分看重，待之极好。这位君子正是时任惠州最高长官、惠州知州詹范。

作为东坡的领导，冒着可能招到自己上级打击的风险，把"罪臣"苏东坡奉为"上宾"，待以殊礼，这样的好兄弟真情怀也。

他对苏东坡多有照拂，苏东坡有诗文记载说："詹使君，仁厚君子也。极蒙他照管，仍不辍携具来相就。"

这天，东坡带着一坛香醇的美酒，提着新鲜的鲈鱼，去詹使君家吃"槐叶冷淘"。

不愧是一代美食家，连时间都清清楚楚，二月十九日。

这顿饭，大都素菜，但其中东坡带来的自己爱吃的鱼，亦为餐桌添香。

大家席间谈笑，说起这道"东坡鱼"。

当年，苏东坡让厨师做道鱼肴尝鲜，菜上桌，热气腾腾、鱼香满室。厨师为了让佐料入味，在鱼身上划了几道刀痕。

鱼熟，刀痕处裂开如柳，色香俱全，东坡食欲大开，正欲举筷品尝，忽见窗外闪过一人影，原来是好友佛印和尚来了。

苏东坡有意捉弄这位赶饭的朋友，顺手将这盘鱼搁到书架上去了，不使他看见。

佛印和尚其实早已看见，心想："你藏得再好，我也要叫你拿出来。"

东坡笑嘻嘻地招呼佛印坐下，问道："大和尚不在寺院，到此有何见教？"

佛印答道："小弟今日特来请教一个字？"

"何字？"

"姓苏的苏怎么写？"

苏东坡知道佛印学问甚好，这里面一定有名堂便谨慎地回答："苏子上面是个草字头，下边左是鱼右是禾字。"

佛印又问："草字头下面左边是禾右边是鱼呢？"

东坡答道："那还念苏啊。"

"那么鱼搁在草字头上边呢？"苏东坡急忙说："那可不行。"

佛印哈哈大笑说："那就把鱼拿下来吧。"

说到此，大家都笑，这个贪吃的佛印说来说去还是要吃他的那盘鱼。

朋友之间，捉弄彼此，也添情趣。

又一日，佛印宴请苏东坡，照样蒸了一盘鱼，心想上次你开我玩笑，今日我也难难你，于是就将鱼放在身旁的磬里。

苏东坡早已看见。只是装着不知道，说道："有件事请教，我想写副对联，谁知写好了上联，下联一时想不出好句子。"

佛印问："不知上联是什么？"

苏东坡回答说："上联是向阳门第长春在。"

佛印不知道苏东坡葫芦里卖的是什么药，不假思索地说："下联乃积善人家庆有余。"

苏东坡哈哈大笑说："你罄里有鱼啊，拿出来吃吧！"

佛印拿出鱼来对苏东坡说："吃鱼不难，不过你要说出这鱼的名称来。"

苏东坡说："这不是五柳鱼吗？"

佛印笑着回答："这不是五柳鱼，这叫东坡鱼，你看长长的、白白的鱼身不是像你的长脸吗？那五道刀痕不是像你的五绺长须吗？"

东坡举筷一尝说："苏东坡吃东坡鱼，味道好鲜啊！"

鱼的故事说完，大家说说笑笑，举着筷子又伸向那"槐叶冷淘"。

这充满诗意名字的菜，其实是中国古时传统的一种时令凉食。有记载最早始于唐代，采青槐嫩叶捣汁和面，切成饼、条、丝等形状，煮熟后放在冰窖冷贮或井中浸冷而成。

也有传说，这是失传的宫廷食品，随着时间的推移，逐渐传入市肆民间，并将用槐叶与面粉合制，改"槐叶冷淘"为翡翠面（如今的菠菜面），成为城乡人民的盛夏消暑美味。

这顿饭，菜很简单，但吃得却很尽兴。人生不过如此，享受美食，乐于活在当下。苏东坡与朋友吃得好，饮得欢，醉了，就美美地睡觉。

苏东坡将"醉饱高眠"当成"真事业"，还不忘记当日记一样记下来《二月十九日携白酒鲈鱼过詹使君食槐叶冷淘》

枇杷已熟粲金珠，桑落初尝滟玉蛆。暂借垂莲十分盏，一浇空腹五车书。

青浮卵碗槐芽饼，红点冰盘藿叶鱼。醉饱高眠真事业，此生有味在三余。

读苏东坡的诗词常常会看到类似这样的"题记"，《水调歌头》题记"丙辰中秋，欢饮达旦，大醉，作此篇，兼怀子由"写的是丙辰年的中秋之夜，与家人朋友开心过中秋，彻夜饮酒，大醉醒来后，做了这首诗，怀念远方的弟弟苏辙。

《记承天寺夜游》的题记"元丰六年十月十二日夜，解衣欲睡，月色入户，欣然起行"记载了元丰六年十月十二日的夜晚，苏东坡正要睡觉的时候，月光入室，而兴致起，起身披衣，欣欣然的出门赏月去了。

......

题记如眼，虽则短小，却由此使人读之即明白，此诗因何而写，为谁而作，当时心境如何，读起来更使人接近东坡的文章所表达的内涵所在。

虽然东坡在官场境况不妙，他仍然能说："醉饱高眠真事业，此生有味在三余。"

三余是什么？董遇说："冬天是一年的农余时间，夜晚是白天的多余时间，下雨的日子一年四季都有，都是可以用来读书的。"

苏东坡借古人之言，抒发自己的感受。

冬天、夜晚、下雨天，都是属于我的闲暇时间，而许多开心的、愉悦的事情都是在闲暇时间，忙中偷闲也是一种情趣。

现在，我以垂莲作盏以饮酒，"槐叶冷淘"也相当好吃。醉饮、饱食、睡美也是人生之味，味在此三余，从今而后忘却烦恼，绝学无忧，自适自乐。

愿人人都有闲适、惬意的生活，用安适、陶然的心态乐享人生百味。

作为美食家的苏东坡，他深入生活，感受生活，即使生活并不如意，但他依然能够在属于自己的闲暇时光里，活出别人所没有的精彩，既不自怨自艾，也不怨天尤人，用豁达的胸襟去包容生活中所有的荆棘。

日啖荔枝三百颗

罗浮山下四时春，卢橘杨梅次第新。

日啖荔枝三百颗，不辞长作岭南人。

——《食荔枝》

说起荔枝，很多人会立即吟出："一骑红尘妃子笑，无人知是荔枝来。"

想当年，杨贵妃嗜荔枝，且喜新鲜货色，玄宗命人置骑传送，走数千里，送到京师，味道未变。

且不说"一骑红尘"与"妃子笑"构成的诗的深意，单说荔枝美味，亦不止她一人喜欢吃。唐·张九龄《荔枝赋序》："南海郡出荔枝焉，每至夏季，其实乃熟，状甚琼诡，味特甘滋，百果之中，无一可比……"

古今中外赞美荔枝的诗文篇章极多，苏轼亦不例外。

他59岁时贬惠州，苏轼迎来了仕途最低潮的时期。他将精力转移到美食上，很快，他发现惠州其实是个很美好的地

一蓑烟雨任平生：苏东坡词传

方："惠州风土食物不恶，吏民相待甚厚。"

绍圣二年（1095年），苏轼在惠州，初尝荔枝，立觉心神俱爽，这色美，肉厚，有嚼头的荔枝，太好吃了。

苏轼欢愉之情，掩之不住，便作有《四月十一日初食荔枝》一诗，运用拟人、幻想、比喻、用典等手法，对荔枝极尽赞美之能事："……垂黄缀紫烟雨里，特与荔枝为先驱。海山仙人绛罗襦，红纱中单白玉肤。不须更待妃子笑，风骨自是倾城姝……"

惠州气候温和，物产丰富，苏轼又有耕种的经验，他效仿陶渊明的田园生活，打理品种繁多的菜园子，那美味堪比莼菜的藤菜，百吃不厌的荔枝更不可少。

春来，荔枝树从甜梦中苏醒，爪形的绿叶中，鲜嫩的蓓蕾星星点点。

清明过后，树上结荔枝。大小如花生，至六七月份荔枝渐成熟，外皮若龟裂片，状如心形，色红如血，再过几天，成暗红色的，成土黄。

荔枝是一日色变，二日香变，三日味变。正因如此，荔枝不宜贮藏。

文人墨客将其比作"绛囊""红星""珊瑚珠"，若是成片荔枝林，则如"飞焰欲横天""红云几万重"。

荔枝果肉大都白色半透明，莹白冰雪，入口香甜，嫩脆爽口。

苏轼癖爱荔枝这好滋味，每每摘荔枝，眼中那成片枝林亦如半抹丹霞，似那含烟如醉。他与朝云坐于堂前或者溪下，时有轻风抚过，树阴下有清凉，吃荔枝的感觉也是美美哒。

朝云的纤纤玉手轻轻剥下荔枝外皮，瞧里面，莹若玉，透如水。想想当年杨贵妃看到荔枝来了，眼波都媚，我身边的朝云，吃起荔枝来，比那贵妃还要媚。

他们俩，一边吃着，一边聊着，朝云剥了荔枝，伸出小手，将那果肉递到苏轼嘴里，苏轼目不转睛望着美娇娘，满脸都是幸福。

吃着，吃着，他会问朝云："吃安逸了吧？"

朝云倚着苏轼，笑："还没呢。"

苏轼边食边歌：

罗浮山下四时春，卢橘杨梅次第新。日啖荔枝三百颗，不辞长作岭南人。

被贬边远地区，那又怎样？有这样好吃的荔枝，我愿意永远做岭南的人。

此身安处，就是吾乡，苏轼漂泊远方无所蒂介，乐观旷达、以吃为乐，真不枉做了岭南人。

苏轼还在很多诗词中表达对荔枝的喜爱，《赠昙秀》："留师笋蕨不足道，怅望荔子何时丹。"《新年五首》："荔子几时熟，花头今已繁。"翻译成现代话来说就是，"荔枝到底什么时候熟啊，我都等不及了……"

东坡爱荔枝，或许不仅仅因为它好吃，还因为这是吉祥之果，象征好事连连，有美好、繁盛的意思。

有一位老年人，都85岁了，指着荔枝告诉苏轼，现在这荔枝正是好吃的时候，你可以带酒来，咱们一边吃荔枝，一边喝酒。

这可是好主意，苏轼相当愿意，开开心心地携酒与老人同饮于林中，心满意足，《和陶归园田居》其五："愿同荔枝社，长作鸡黍局。"

吃货的最高境界是什么？有一个故事曾讲到：一个吃货变成植物人，几乎不可能醒来的时候，你在他耳边不停地说："你最爱吃的牛排煎好了，快点起床啦！"他马上坐起来说："我要七分熟。"

虽说故事有点无厘头，但"吃货"对美食的嗜好，却可见一斑。

对苏轼来说，吃的境界，或许不只是关于吃得好与坏的问题，"日啖荔枝三百颗，不辞长作岭南人"，真的只是贪恋这好吃的荔枝而赞美岭南风物吗？

谁又知道，这样一位胸怀大志，一心为民的苏轼，无论在什么地方，都在为老百姓做实事，他被贬惠州也要将满腹苦水唱成了甜甜的赞歌。

第七章 聚物天美养老饕

193

《宋史》本传说苏轼在惠州"居三年，泊然无所蒂介，人无贤愚，皆得其欢心"。

别以为，苏轼吃荔枝，避世无忧了。让他这样具有强烈社会责任感的仁人志士避世遁俗，那几乎是不可能的，否则苏轼怎么还会有深深的忧患情怀，一篇《荔枝叹》将他的心情表现得淋漓尽致？

他一边吃着荔枝，一边又忍不住地叹着："十里一置飞尘灰，五里一堠兵火催。颠坑仆谷相枕藉，知是荔枝龙眼来。飞车跨山鹘横海，风枝露叶如新采。宫中美人一破颜，惊尘溅血流千载。"

他何尝不是在借着汉唐故事抨击统治阶级只顾自己享乐而不关心民生疾苦的丑恶本质？

千年以后，我们尤可想见苏学士老泪纵横，祈求上苍："我愿天公怜赤子，莫生尤物为疮痏。雨顺风调百谷登，民不饥寒为上瑞。"

蒌蒿芦芽配河豚

竹外桃花三两枝，春江水暖鸭先知。

蒌蒿满地芦芽短，正是河豚欲上时。

——《惠崇春江晚景二首其一》

关于美食，不同人有不同的语言来赞美它。

有人说："食物，和爱一样温柔。"也有人说："再简单的食物都有自己的灵魂，人生有很多味道无法复制。"

人间至毒的河豚可也是无复制的美味，叫"吃货"们，甘冒生命危险，亦要亲口品尝。河豚的毒性之大，绝不可等闲视之。古人对此，知之甚详。

晋人左思《三都赋》的《吴都赋》便有"王鲔鯸鲐"之句，其注云："鯸鲐鱼状，如蝌蚪，大者尺余，腹下白，背上青黑，有黄纹，性有毒。"

沈括在《梦溪笔谈》中说："吴人嗜河豚鱼，有遇毒者，往往杀人，可为深戒。"同时期的《太平广记》亦云："鯸鲐鱼文斑如虎，俗云煮之不熟，食者必死。"……以上可谓是对河豚之毒，有初步之认识。

知其毒，见其形，不敢尝的文人不少，高阳及汪曾祺均是，汪曾祺在以擅烧河豚著名的江苏江阴待过两年"竟未吃过河豚，至今引为憾事"。

人生憾事，文人张爱玲是这样写的："有人说过'三大恨事'是'一恨鲥鱼多刺，二恨海棠无香'，第三件不记得了，也许因为我下意识觉得应当是'三恨红楼梦未完'。"

至于美食，苏东坡不会叫憾事发生。

宋朝是餐饮业浪漫的朝代。每至春来，小小河豚自大海进入河道，逆流而上，这时，春暖花开，杨柳花絮已是漫天舞翩跹，那些落至江中的杨花柳絮，便成了河豚的佳肴，它们借此养得膘肥体壮，却不想，一不小心成了人们餐桌上的美餐。

河豚多毒，百姓自然明了。唐人陈藏器《本草拾遗》云其："入口烂舌，入腹烂肠，无药可解。"

后人总结前人经验，渐知："河豚，……子则毒甚，忌铜，眼、血、油亦毒。"

有清一代名医王士雄更谓："其肝、子与血尤毒。或云去此三物，洗之极净，食之无害。"可见河豚只要整治得法，就不会"食之杀人"了。

是故，美食当前，虽然老百姓早知河豚的肝胃肾等内脏储存大量毒素，但更知精心处理，反复清洗鱼肉，直到色如雪白，下锅食用，亦可告慰肠胃。

不管河豚到底有多毒，言者谆谆，听者藐藐。

每当清明前后，河豚上市，大家无不冒死拼命食河豚，甚至连苏东坡也不甘落后。

"不吃河豚，焉知鱼味？吃了河豚，百鲜无味。"

苏东坡谪居常州时，有一士大夫家，烹制河豚有独到之处，他们自然是想请大名鼎鼎的"苏学士"吃一顿，名人尝食，可是有广告效应的。

这天，苏东坡受到邀请心里很是高兴，他兴致勃勃地来到士大夫家。

大家见这位妇孺皆知的名士光临，士大夫的家人无不大为兴奋。

杯盘叮当，不一会儿，那鲜美可口的佳肴便呈上桌来，主人请苏东坡入座，敬请他品尝。

待苏东坡坐定，准备吃河豚时，妇人孩子都悄悄退下，可是，他们又不想离开，一个个都躲在屏风后面偷看，苏东坡独享受这一桌河豚大宴，大家很想知道这位美食家"苏学士"如何品题。

屏风后面，挤得水泄不通，人人屏息，鸦雀无声，静静观看苏东坡食用河豚的表情。

苏东坡埋着头，美滋滋地品尝着，但他不说话，表情也看不清，也听不见啧啧赞叹这河豚宴之美味，大家互相看着，

"难道这河豚没烧好"？

是不是"苏学士"吃过比这更好的河豚宴？

心中虽然有无数的疑问，但还是不好上前询问，只能静而观之，屏息凝望，心中失望。

苏东坡依然自顾自地品尝着，不久，桌上杯盘狼藉，苏东坡打起饱嗝、停止下筷。

看来，这顿饭吃得很一般。

大家正要叹气，却见苏东坡忽又下箸，把筷子伸向最好吃的那个部位——腹腴，道了一声："也值一死！"这一筷子超越了生死，这一句话达到了餐饮的最高境界。

屏风后面的人，听说此句，无不大悦。

此事为北宋孙奕《示儿编》中记载。

东坡居常州，颇嗜河豚，而士大夫家精于烹是鱼者，辄招东坡享之。妇孺倾室聚于屏后，欲闻一语品题。东坡下箸大嚼久之，寂如喑者。主人黯然，屏后集者失望相顾。东坡忽投箸大声叹曰："值得一死！"合舍大悦。

造物者神奇，把至毒极鲜二物融于一体，让人又爱又恨，而且欲罢不能，想要一膏馋吻，只有拼命一试。

面对河豚此一"水族之奇味"，虽"世传其杀人"，但好其味者，仍前仆后继，代不乏人死。

苏东坡是资深美食家，自然知道，怎样吃河豚更有利于健康，造物者安排巧妙，早先就有人家用菘叶、蒌蒿、荻芽三物煮之，亦未见死者。

北宋一位名叫惠崇的僧人，为福建建阳僧，宋初九僧之一，擅长绘画。元丰八年春天，他在靖江欲南返时，见早春江边桃花盛开，春江水暖，挥笔画就两幅《春江晚景》，一幅是鸭戏图，一幅是飞雁图。

神宗元丰八年（1085年），苏东坡在汴京（今河南开封）赏惠崇所绘之画，并应其请求，为《春江晚景》两幅题画诗。

苏东坡背着手，仔细看着惠崇的画作，他笔下清新，疏落的翠竹中，几枝桃花摇曳生姿，栩栩如生，色彩搭配非常好，桃竹相衬，红绿掩映。

整幅画面，让人感觉到春寒刚过，桃花尚未怒放，那春天气息却已由画中悄然透出。

画中的江水春波荡漾，几只好动的鸭子在江水中嬉戏游玩，极为灵动。

苏东坡见鸭子戏水，心中顿有感"鸭知水暖"。

此时，苏东坡挥笔而就：

竹外桃花三两枝，春江水暖鸭先知。

蒌蒿满地芦芽短，正是河豚欲上时。

画中虽未有河豚，但苏东坡见画却会不由想到那美味的河豚宴，"蒌蒿满地芦芽短，正是河豚欲上时"。这时候，也是吃河豚的好时光，那河豚肉切成碎片，倒入锅中，放入新鲜的蒌蒿和荻牙，文火浸煮而成羹，颜色如乳，味道如何？

想想都要流口水。

苏东坡不会只是想想而已，在这元丰八年的早春时节，他在扬州好好地品尝了这道河豚羹。

找美食、做美食、享用美食是东坡人生的一大乐趣，离开美食，活着的乐趣到哪里去找哦！能见画想美食，把美食入诗，东坡这资深美食家，将饮食文化悄然渗透到生活中去，直叫人垂涎欲滴……

识"食物"者为俊杰，非苏东坡莫属！

吴姬三日手犹香

菊暗荷枯一夜霜。新苞绿叶照林光。竹篱茅舍出青黄。

香雾噀人惊半破，清泉流齿怯初尝。吴姬三日手犹香。

——《浣溪沙·咏橘》

橘子色如丹，圆似珠，汁水饱满，口感酸甜，是大多数人喜爱的水果之一。

南国多橘树，在历史上，楚地更是橘树的故乡。

《史记》有记载："蜀汉江陵千树橘，此其人皆与千户侯等。"是说江陵有数千棵桔树，这里人一年的收入相当于千户侯的俸禄。

"江陵"即荆州城，此处的橘子甚多，故而成为文人墨客吟咏的对象。屈原在《橘颂》赞美橘树乃天地孕育，扎根深固，难以迁移，立志专一。

橘树的叶儿碧绿，生出的花朵素洁，姿态却缤纷可喜。层层树叶间长有尖刺，果实却结得如此圆美。青的黄的错杂相映，色彩简直灿若霞辉。

食客观其形，喜其色，乐其味美，更爱它所蕴含的意义：外色精纯内瓤洁白，正如堪托大任的君子。气韵芬芳仪度潇洒，显示着何其脱俗的美质……

唐代著名诗人张九龄的《感遇诗》赞："江南有丹橘，经冬犹绿林。"他借橘树在冬天依然碧绿来表达自己不与世俗的同流合污的贞操。

懂"橘"的文人，除了屈原，还有很多。苏东坡就是其中一位。

黄州的秋天悄悄地来到了，树木渐渐开始凋零，大地现出一片肃杀，那夏日的蓬勃生机也似乎渐而消去。

秋风一阵阵袭来，月落，乌啼，霜满天，而那满园秋花，其中菊花还是最为特别，颜色如霜。

秋霜之后，菊花泛出暗淡了颜色，荷花已败，荷叶渐枯，黄州的橘树却还绿着，绿得发光。

"细叶繁枝委露新，四时常绿不关春。"这黄州之橘，亦是一景，在农人的培育下，春叶青翠，夏花素白，秋实金黄，深受喜爱。

苏东坡出门散步，常会看见路边那竹篱笆里抑或者谁家茅草屋边的橘树上缀满了一盏盏小红灯笼，把树枝都压弯了腰。有的橘子躲在茂密的树叶中，就像害羞的小姑娘；有的露出全身，在枝头上摇来晃去，就像调皮的小孩。

一蓑烟雨任平生：苏东坡词传

苏东坡走得累了，找个有石块的树下歇歇脚。这时一位手里提着篮子，篮子里装满橘子的农人走过。

"今年橘子长得好呀。"

"也得看天气，还有这土地也得肥哦。"

……

聊叙两句，好客的主人递上新鲜的金橘，邀请东坡尝。

苏东坡谢过之后，看着手中"金珠"很是愉快。

那双拿着毛笔，扛过锄头的手，现在轻轻掰开这新鲜初熟的橘子，那金色的橘皮随着手剥之势，喷出清香的雾气。东坡小心地避开那雾气，生怕溅入眼中灼痛无比。

剥开的橘子拿一瓣在手中细细端详，像弯弯的明月，再把"明月"合拢，又像一轮初升的太阳。

还未入口，东坡已口中生津，心生"怯"意，这橘汁冰凉，会否酸牙？

不管了，还是先尝尝再说。

橘瓣入口，那果汁甘甜如清泉，顺着舌头直抵肺腑，手中香雾随着剩下半块橘子皮的剥开，又不断喷溅，汁水流淌，未入口中，已口齿生津。

这样好吃的橘子，怎能不吟诵一番？苏东坡遂有：

菊暗荷枯一夜霜。新苞绿叶照林光。竹篱茅舍出青黄。

香雾噀人惊半破，清泉流齿怯初尝。吴姬三日手犹香。

苏东坡剥橘、吃橘，又想到吴地盛产橘子，那吴地美女剥过橘子之后，手上三日亦是仍有余香。

吃橘子也要吃出个诗意来，东坡《浣溪沙·咏橘》以诗留香。

深秋，一夜霜冻过后，菊花凋残，荷花枯萎，而新橘和绿叶相映衬，光亮照眼，竹篱茅舍掩映在青黄相间的**橘林**之间。橘树生长在诗意的土地上，成熟鲜美。剥橘、吃橘亦**得让人记**住那股味道："香雾噀人惊半破，清泉流齿怯初尝。"

苏东坡将橘子的色艳、味甘、气香、汁浓写得如此细致传神，可见苏东坡之好吃，亦可见苏东坡之才高！

同样都是被放逐，屈原忧愤难平，如一只孤鸿时时哀鸣，闻之令人心碎。一曲《离骚》更是成为千古悲辞。苏东坡先生却将放逐的日子过成了"田园诗"般的生活。

他在黄州躬耕田亩，自力更生，自娱自乐，悠然自适。没有屈原的凄苦怨愤，更多的都是潇洒自得。

咏橘也是咏人。橘树的高贵与骄傲，两者皆有所喻示，只不过，东坡先生似乎更懂"橘"一些，因为他除了一身傲气，还有一身的吃货本色。

《文心雕龙·物色》评苏东坡咏橘词："写气图貌，既随物以宛转；属采附声，亦与心而徘徊。"

读罢这首宋词，橘之体态、橘之神韵，便绕在脑中久久不

一蓑烟雨任平生：苏东坡词传

散，令人此刻就想吃个橘子跟着东坡的《浣溪沙·咏橘》用心去品尝这有诗意的橘子。

历史赐予苏东坡一生磨难，苏东坡笑还历史一段传奇。

或许，该品的不仅是橘子之味，更是东坡那用心做人，用心生活，于平凡生活中也饱含情趣诗心……

天下闻名玉糁羹

香似龙涎仍酽白，味如牛乳更全清。

莫将南海金齑鲙，轻比东坡玉糁羹。

——《过子忽出新意以山芋作玉糁羹色香味皆奇绝天》

常言说："巧妇难为无米之炊。"手艺再高明的厨师，没有做饭的材料很难做好美食，这个问题如果放到苏东坡面前，他会淡然一笑。

苏东坡仕途不得意却始终豁达自如，这与"吃"不无关系，若是放在现代，《舌尖上的中国》制片人非他莫属，毕竟他是一个丢到沙漠也能写出食谱的男人。

"秋来霜露满园东，芦菔生儿芥生孙。我与何憎同一饱，不知何苦食鸡豚。"在他看来，这些蔬菜比那鸡鸭鱼肉还要味美。

在苏东坡笔下，日常所见的，无论是湖边生长的藤菜还是生活中常吃的饼、笋都可入诗，丰湖是苏东坡最喜欢野炊的地方，他把这里湖边长生的藤菜比作杭州西湖的莼菜："丰湖有藤菜，似可敌莼羹。"

捧着一块饼，则有："小饼如嚼月，中有酥和饴。"

那些围绕在麦田的野菜也是好吃的："时绕麦田求野荠，强为僧舍煮山羹。"

赞笋则书："长江绕郭知鱼美，好竹连山觉笋香。"

以这些食物入菜下酒，端着酒杯会吟诵出"明月几时有，把酒问青天""我饮不尽器，半酣味尤长""偶得酒中趣，空杯亦常持"……

苏东坡吃到了一位老妇人做的环饼，不由得题诗道："纤手搓来玉色匀，碧油煎出嫩黄深。夜来春睡知轻重，压扁佳人缠臂金。"

晚年苏东坡被贬至儋州，就是如今的海南。现在的海南景色优美，生活富庶，是旅游胜地，而当年，那里耕种落后，产米很少，苏东坡《和陶劝农六首》小序说："海南多荒田，俗以贸香为业。所产杭稻，不足于食。"

"北船不到"，米价高涨是必然的。苏东坡半月不得醉饱，一日，正是邻人们祭灶之日，准备了许多美食。东坡与这些邻居平素相处很融洽，邻家便将这些美食端了一些，送给东坡享用，"以祭品相饷"送来"只鸡斗酒"。

苏东坡对于大家的好意，心里十分感动，入得诗来："北船不到米如珠，醉饱萧条半月无。明日东家当祭灶，只鸡斗酒定膳吾。"

这样缺米少肉的地方，苏东坡的饮食是个难题。

曾经"黄州猪肉贱如泥"，东坡肉煮得香喷喷，吃猪肉吃得满嘴流油，每想及，东坡心里都会生出许多向往，可是，这里的百姓却常吃鼠胎、蝙蝠、蜈蚣。

弟弟苏辙在雷州任职，与苏东坡相距不远，饮食和儋州相似，苏辙勉强试着吃这里的食物，可是吃进去，忍受不了这种食物带来的那种恶心，又狂呕出来，体重骤然减轻。

苏东坡与苏辙时常通信，弟弟在信中写着对这食物的无法忍受，自己也因此消瘦，东坡心中忧虑，多想让弟弟也能吃上猪肉，养养身体，可是这个地方，猪肉实在是少之又少，面对弟弟的情况，东坡思来想去，只好写信宽慰弟弟：

"五日一见花猪肉，十日一遇黄鸡粥。土人顿顿食薯芋，荐以熏鼠烧蝙蝠。旧闻蜜唧尝呕吐，稍近虾蟆缘习俗……"

苏东坡很心疼弟弟，寄语子由，自己也能吃熏鼠了，体重反而有所增加。

这些鼠胎、蝙蝠、蜈蚣之类，以老饕餮自居的东坡，怎么能不尝尝呢？

想及当年，在蜀中，当地有风俗，黄鳝泥鳅蛤蟆之类，是不吃的，大河小河，鱼多虾多，大宅小宅，鸡飞鸭叫鹅呆……

苏东坡好美食，自年幼吃到老年。山珍海味河鲜，几乎吃个遍。饿的时候，想想吃过的美食，也"望梅止渴"一番。

他在《老饕赋》中，更是道尽对天下美食的独家心得。

> 九蒸暴而日燥，百上下而汤鏖。
> 尝项上之一脔，嚼霜前之两螯。
> 烂樱珠之煎蜜，溽杏酪之蒸羔。
> 蛤半熟而含酒，蟹微生而带糟。
> 盖聚物之天美，以养吾之老饕。

苏东坡很有经验地写出各种食物的吃法：有的时候食物要经过多次蒸煮后再晒干待用，有的则要在锅中慢慢地文火煎熬。吃肉只选小猪颈后部那一小块最好的肉，吃螃蟹只选霜冻前最肥美的螃蟹的两只大螯。

至于那樱桃要放在锅中煮烂煎成蜜，用杏仁浆蒸成精美的糕点。蛤蜊要半熟时就着酒吃，蟹则要和着酒糟蒸，稍微生些吃。天下这些精美的食品，都是我这个老吃货的经验之谈呀。

可是儋州人喜吃蜜唧，这食物是蜂蜜渍的熟鼠胎。

苏东坡自己也吃熏鼠，尝蝎蚣，看人吃蜜蝍。至于蜜唧，苏东坡自己到底尝了没有，并不知晓，他讲这些给弟弟子由听，希望弟弟也不要挑食。

虽然如此，但是这些毕竟不是自己想吃的，不逢年节，吃不上米，苏过和苏东坡也会想尽办法，做些好吃的。

儋州海滨，蚝（牡蛎）甚多，肉味鲜美，东坡食后，诙谐地著文："每戒过子慎勿说，恐北方君子闻之，争欲为东坡所为，求谪海南，分我此美也。"不仅自己敢于尝试海鲜，还要告诉你们太好吃了，谁都别和我抢。

海鲜对于苏东坡来说战斗力是远远不够的，"土人顿顿食薯芋，荐以熏鼠烧蝙蝠；初闻蜜唧尝呕吐，稍近蛤蟆缘习俗"。

短短四句话，可见了苏东坡这个诗人形象突变，老鼠、蝙蝠、蛤蟆他可能都尝过，简直是"文坛李时珍"！

当地大米如此稀少，海岛上时常刮起狂暴的台风，运米大船惧风浪，必须等风平浪静，方能驶来，海岛时常断航，望着那滔滔的巨浪扑打着岩滩，椰树成林，却只能随风摇摆，每每此时，当地居民便以山薯（海南人将山药称山薯）充饥。

无米下炊，腹内饥饿难受，苏东坡父子也入乡随俗，吃山薯。

苏东坡年迈，身体受这湿瘴之气侵蚀，身体不佳。

跟随苏东坡到海南的只有三儿子苏过，他看父亲食欲不振，急得直搓手。怎么才能让父亲对这日日所食的山药，引起食欲呢？

他想起曾经吃过的鲈鱼脍，八九月霜下时收鲈三尺以下，劈作脍，浸布包沥水令尽，散置盘内。取香柔花叶相间，细切，和脍拌，令匀。霜鲈肉白如雪，且不作腥，谓之金齑玉脍，东南佳味。

若是也以此法做羹，或许口味大好。

想到就去做。苏过将山药洗净，去皮，切成碎丁状，入羹，取香料搅匀，以沙锅慢火煮之。

做好的山药羹色白，滑腻，又置一些细碎的香菜入其中，更添香味，色味俱佳。苏过小心地将这碗爱心羹端给父亲苏东坡，苏东坡启口一尝，此味甚佳，不由喜笑颜开，即兴作诗一首，题为《过儿忽出新意，以山薯作出玉糁羹，色香味皆奇绝。天上酥陀则不可知，人间决无此味也》。

香似龙涎仍酽白，味如牛乳更全清。

莫将南海金齑鲙，轻比东坡玉糁羹。

他亲自命名此菜为"东坡玉糁羹"，不仅夸这山药羹香似龙涎，色如清玉，味如牛乳，更与传说中的天上美品"酥陀"相比，说那"酥陀"是虚幻不实的，其味如何不可知，无法与玉糁羹相比。

人间佳味，如隋炀帝所为称道的"金齑脍"，也是不能与"玉糁羹"相比的。字里行间洋溢着诗人为之自得的心情。

就物质生活来说，苏东坡父子在儋州过着"苦行僧"的生活。

清水淡煮的"玉糁羹"，只是一种原味原汁的食品，在饥饿之时，最美的应是肉类的荤菜，而不是什么蔬类的素菜。但苏东坡是个"超然自得"之人，在苦中寻乐，简简单单的一碗"玉糁羹"，也让他诗情大发，写出了美丽的诗篇。

从某个角度看，苏东坡这一生，不是贬谪某地，就是走在被贬的路上，始终流离颠沛。可是不管身在何处，他总能随遇而安，得之坦然，失之淡然，处之泰然。有江风明月相伴、诗词歌赋怡情、好友相知，美食慰腹……

足矣！

第八章

淡去浮华心悟禅

生活的禅意处处皆存，坐是禅，睡也是禅，连生气，都是禅。草木本是静物，得到了雨露的滋润，就有了慧根。

山川，河流，清风，明月，都有佛性。

只要你静下心去体悟，任何事物都可以成为你心灵的镜子，引导你回到自己的内心，发现自己心中潜藏的珍宝。

安心是药更无方

紫李黄瓜林路香，乌纱白葛道衣凉。闭门野寺松阴转，欹枕风轩客梦长。

因病得闲殊不恶，安心是药更无方。道人不惜阶前水，借与匏樽自在尝。

——《病中游祖塔院》

人吃五谷杂粮，难免会生病。苏东坡亦不可免。

熙宁四年（1071年），那年他36岁，被朝中派往杭州任职。内心郁闷的苏东坡，因反对王安石变法，陷入了斗争漩涡，无奈申请外任，避开是非。前途未知，不管朝廷对自己怎样，苏东坡到任之后，依然尽力做好本职工作。

杭州，在当时亦是繁华之所，风景秀丽，商业发达，游人如织，笙歌阵阵。东坡在热闹富庶之地，不仅游历全城，亦时常拜访名僧。

在来到杭州之前，苏东坡就从老师欧阳修口中听过杭州有

一蓑烟雨任平生：苏东坡词传

一名僧惠勤。他长于写诗，有着很高的文学素养，当时就住持西湖之上的孤山寺，寺中还有另一位著名的诗僧惠思。苏东坡初到杭州，稍稍安顿下来就启程前去拜访两位高僧。

那时36岁的苏东坡说自己"年来渐识幽居味，思与高人对榻论"。

他偶尔独自一人穿山越岭，入寺参禅，焚一炉清香，捧一壶山泉紫笋名茶，静听山林轻籁，黄昏在松间竹畔间漫步，到夜深人静时，与一二知己相偕于石桥之上，清谈佛理禅心。

熙宁六年（1073年），苏东坡公务太繁忙，渐渐感到身体不支，累倒了。病来如山倒，天气炎热，工作上的事情也千头万绪，更感到身如不系之舟。

过些日子，苏东坡病情稍有缓和，他便独自前往祖塔院，想与高僧寻禅问道。

他戴着乌纱帽、穿着白葛衣，病里偷闲，游山赏景。

一路上，景色优美，清风徐徐，只见那紫李黄瓜色彩明艳，长势喜人，淡淡的瓜果香味扑鼻而来，使得苏东坡心情大好。

寺庙掩映在绿树丛中，寺里的轩窗开着，四处迎风。苏东坡平时应酬太多，少有闲暇来到寺里赏景，现在听得山中那些不知名的小鸟时不时发出清脆的叫声，婉转动听，路边小溪，流水潺潺，到处都是野花恣意盛开，一份清闲之趣油然而生。

苏东坡大病未痊愈，身体尚虚弱，他走得累了，入得寺中，寻了间屋子，关上门，靠着枕头，静静地休息。他感受这大自然的风从那轩窗吹来，很是凉爽，不知不觉间，进入了梦乡。

四下安宁，无人打扰，苏东坡在这一片清净之所，睡得很香。一觉醒来，窗外的松阴已经转移。

苏东坡平时忙事太多，睡眠并不见佳，此时酣睡之后，心神俱爽。在这幽静清凉的寺中，他的心也像洗净了一般，丢下许多心中杂念，只是觉得快乐满足。

苏东坡有些口渴，四处寻喝水的器具，这时一位好心的和尚见了，主动问及苏东坡需要什么？

苏东坡向他借饮水之物，和尚非常友善，微笑着借给他匏瓢。

苏东坡拿着匏瓢，自由自在地喝这山中泉水。泉水清凉，入喉甘甜，从毛孔到内心都被这水意给浸透了，极是舒爽。

东坡想，人应该保持一颗平常心，行住坐卧尽是禅。这次生病，也不是一件坏事，可以在日常的忙碌中抽出空来，照看一下自己的生命和灵魂。

忙碌、焦虑都是病，安心才是治病的良药，心安了，才能摆脱生活中杂事干扰，病也就会减轻，不用再千方百计地寻医问药了。

面对病痛，不同的人用不同的心态去面对。李清照病重读书赏雨，自有"枕上诗书闲处好，门前风景雨来佳"。李白久病初愈，立刻兴奋地说："莫惜连船沽美酒，千金一掷买春芳。"苏东坡大病初愈，一首《病中游祖塔院》记录他此刻的心境。

紫李黄瓜林路香，乌纱白葛道衣凉。闭门野寺松阴转，欹枕风轩客梦长。

因病得闲殊不恶，安心是药更无方。道人不惜阶前水，借与匏樽自在尝。

苏东坡因病而得：人间万事，得失之间，没有定准。人生多忙碌：为功名富贵，为家人朋友，为前途命运，却很少为自己的身体健康考虑，也从不顾忌自己是否快乐自在。

苏东坡之"病"，除了身体有恙外，内心的抑郁也是一个重要方面。

苏东坡满怀抱负、追求上进，于仕途极想大有作为，但他屡遭打压，仕途曲折。"安心"是对自己的告诫，也是表明自己要淡泊通达，学会自我调节。

人生处处有禅意，坐是禅，睡也是禅，连生气都是禅。草木本是静物，得到了雨露的滋润，就有了慧根，仍是禅。

苏东坡生病得闲，咀嚼出日常生活的隽永滋味，"因病得闲""歌枕客梦""安心是药"处处都透露出禅意，也正有了这种态度，他怡然对待人生中的起伏，持有精神上的祥和。

不如无境自无尘

首断故应无断者，冰销那复有冰知。

主人苦苦令侬认，认主人人竟是谁。

有主还须更有宾，不如无境自无尘。

只从半夜安心后，失却当前觉痛人。

——《钱道人有诗云直须认取主人翁作两绝戏之》

春有百花，夏日风，秋观朗月，冬赏雪。置身自然之中，心到处，意明时，风、花、雪、月皆可令人心境豁达。

苏轼热爱自然之景，必也会入其中，出其外。

无锡有惠山，山中有道人。苏轼任杭州通判时，于宋神宗熙宁六年（1073年）11月至七年（1074年）5月之间，曾两次来惠山拜谒钱道人。

江南美景处处可见，苏轼办公之余，足迹踏遍"南岸山"。

美景使人醉，流连之时，景至情移，更喜山中有高人。

钱道人为山中雅士，对品茶很是讲究。拜访钱道人，苏轼自然得备上精绝之品"小龙团"。欧阳修《归田录》云："其品精绝，谓之小团，凡二十饼重一斤，其价值金二两，然金可有，而茶不可得。"

在苏轼眼中，此茶其形圆如月，当如"小团月"。他带着这好茶，来到无锡惠山，找钱道人喝茶论道。

茶好，也得用好水来冲泡，茶味才可更佳。

唐代著名"茶圣"陆羽曾品评：天下宜茶之水二十种，惠山泉第二，（他认为庐山康王谷洞帘水为第一，无锡惠山新泉为第二，蕲州兰溪石下水为第三⋯⋯）。

苏轼在杭州上任，离惠山很近，他想，能与钱道人用这天下第二泉的水来试这"小团月"再好不过。

山路在苍翠的九龙山脊间盘旋萦绕，山间松涛阵阵，轻风送爽，苏轼沿着山路渐渐到达山顶。

苏轼停下脚步，立在山头，俯瞰太湖，只见波涛翻动，水天相接，极为壮观。

此次苏轼拜谒钱道人，品茶尝泉、登绝顶赏景，他还想与道人谈古论今，谈佛论道。可是钱道人对他的问题，并不怎么回答，多数时候都是沉默。

苏轼感到不解，此次寻大师，问道，是想怡身心，长智慧的。

在这惠山这巅，面对道人的不语，苏轼也需要慢慢开悟。

他想及三国时长年隐居的高道孙登当年长啸之事。

竹林七贤中，阮籍和嵇康都是孙登的学生，孙登居宜阳山时，阮籍受魏文帝曹丕之命前往拜访，问及政事，老师却默不作声。嵇康后随孙登游学三年，时有疑惑向老师请教，孙登也总是笑而不答。

既无所得，嵇康拜别，在他离开之时，孙登对嵇康说："你这人很有才华，但对世道看的不透彻，要生存下去很难很难啊（士才高识寡，难乎免于今世矣）。"嵇康不屑，没想到后来果然被害，他临终时作了一首《幽愤诗》，诗中有"昔惭柳下，今愧孙登"两句，深表感慨，悔不听老师的相劝之言呀！

嵇康被杀，阮籍很是惊讶，再次前来拜访，他恭恭敬敬地蹲在孙登面前，询问一系列重大的历史问题和哲学问题，孙登依然不语，阮籍此时顿悟：或许这些问题都不是什么问题，不如不问。他仰天长啸，没料，孙登竟笑眯眯地注视着他，说："再来一遍！"

阮籍一听，复又立起身来，对着群山云天，长啸了许久。

啸完回身，孙登又已平静入定。阮籍心想，也许这就是与大师的一种交流。

他下山路上，既感高兴，又很茫然。

没料，行至山腰，只听山中回荡着啸声，如天乐开奏，如梵琴拨响，如百凤齐鸣充溢于山野林谷之间。

阮籍此时方悟，这是孙登大师的啸声，如此辉煌和圣洁，把自己的长啸声不知比到哪里去了。他是在回答自己的全部历史问题和哲学问题，做人如这"啸声"，不与人争胜。

阮籍仰头聆听，直到啸声结束，方离开……

钱道人较之孙登，并非完全"无语"，对于苏轼此次问道，他亦有题"如是开示——直须认取主人翁"，苏轼想及孙登无语的典故，应题而作解悟诗偈。

首断故应无断者，冰销那复有冰知。

主人苦苦令侬认，认主人人竟是谁。

有主还须更有宾，不如无境自无尘。

只从半夜安心后，失却当前觉痛人。

钱道人背着手，面带微笑，点头赞许。

苏轼亦然"开悟"，既感慨嵇康未悟遭杀，阮籍领悟孙登而得以保全，自己不与政敌做无谓的争斗，而自求外放，为民造福何尝不是道？

道可道，非常道。人生处处，该从"有主有宾"上升到"无境无尘"的境界，物我相遇，物我消融，如天心圆月，寂然长照，如如不动。

这该是怎样的一种境界呀，当面对钱道人的"无语"教诲，苏轼于惠山一行归途中，听得松涛依然在耳边轰然作响，心念起：对境无境，居尘无尘，动念无念，用心无心，无镜自无尘……

苏轼此时内心是一片清明……

且陶陶乐尽天真

清夜无尘，月色如银。酒斟时、须满十分。浮名
浮利，虚苦劳神。叹隙中驹，石中火，梦中身。

虽抱文章，开口谁亲。且陶陶、乐尽天真。几时
归去，作个闲人。对一张琴，一壶酒，一溪云。

——《行香子·述怀》

人生苦短，怀才不遇，建功无望，不如作个闲人，对一张
琴，一壶酒，一溪云。

话说回来，若是生活拮据，温饱堪忧，做个"闲人"亦
堪忧。

生活工作忙碌，使得许多人常生出"闲人"的心，若偶有
闲情，抽出些许时间，读闲书，喝闲酒，唠闲嗑……人生此闲
间，倒是闲得自在。

许多古代文人，也常在入仕之时，看破官场隐疾，生退隐
之心，想做个闲人，了此一生。苏轼亦如是。

元祐元年（1086年）宋神宗驾崩，宋哲宗上朝，因其年幼，高太后主持朝政，罢行新法，起用旧派，苏轼受到特殊恩遇。

很快，苏轼被召还朝，短短四个月，苏轼从七品跃居四品，任翰林学士、知制诰的重位。"被三品之服章"，穿紫色朝服，佩银鱼袋，接下来就是副宰相之职等着他。

苏轼很冷静，上辞状："非高才、重德、雅望，不在此选。"

太后可不这样想。早在三十年前，宋仁宗就讲过，苏轼具备宰相的才能。

苏轼复起，以翰林学士知制诰的显赫身份，直接面对司马光。

二人本来私交不错，但司马光主政，"尽废新法"，有些制度很不利民。

苏轼不同意"尽废"，一如当年王安石主政，实施新法，过于激进，苏轼提出歧义得罪王安石一样。

苏轼主张："法无新旧，以良为是。"

原则之争，苏轼的坚持，让司马光很是头疼。

苏轼当年得罪王安石，一贬再贬，如今顶撞司马光，司马光看苏东坡，也不顺眼了。

前后两大宰相，为人自负，为政各走极端，苏轼身边那些看他不满的人，也早就蠢蠢欲动了……

苏轼既要置疑政府首脑，又要对付官场小人，压力山大。

"铁肩担道义，妙手著文章。"

为国为民，无功利之心，却在小人的明枪暗箭中，有了隐退之心。

他希望到一个"不争之地"去做地方长官，曾在诗中表示："老病思归真暂寓，功名如幻终何得。从来自笑画蛇足，此事何殊食鸡肋。"

人生若是"心漂着浮着悬着"，"被功名利禄勾引着"，"被那些有形无形的欲望缰锁捆绑着"，哪里能持有愉快的心情呢？

中国历史上有着一大批怀才不遇的风流才子，圣人孔子，才华横溢的唐伯虎等都曾生过隐退之心，去作"闲人"。

想做闲人，也得有点技巧！

西周时期的《周易》一书中有这样一句话："君子藏器于身，待时而动。"

也就是说君子虽然有才华，但是不拿到人前去显摆。这并不是没有限度的隐藏自己，抓住合适的机会就要及时出手！

中华文化讲究低调，很多时候低调就可以解决许多问题，或者说避免许多没有意义的问题。

乱世之中的水镜先生司马徽，作为诸葛亮、庞统的老师，司马徽无疑是当时最为杰出的人才。但是他只是低调的在郊外隐居，躲开了三国时期的乱世，最终成就了水镜先生的雅号。

这些隐居世外的高人，看似"闲"着，其实是相时而动。

作为水镜先生的弟子，诸葛亮作为当时的大才，独自躬耕与南阳，看似也"闲得很"，但他闲时好读书，藏器于身，等到刘备三顾茅庐之后，诸葛亮把握住了展露自己本事的机会，一举取得了成功，带领着蜀汉创造了属于诸葛亮的巅峰，这就是"闲中伺机，相时而动"。

苏轼自从被召还朝，四年汴京生活，行走朝堂，对许多事情看不惯，"如食之有蝇，吐之乃已"。

官场利益盘根错节，大臣个个城府很深，政敌多次陷害虽未得逞，却使他对官场生活无比厌倦，感到"心形俱悴"。

每当夜气清新，尘滓皆无，苏轼望着月光皎洁如银，一声长叹，那是发自胸腔深处的叹息。

处境荒诞，孤军奋战，何人理解？

月明人静之时，那尘世的喧嚣皆落地如埃。

苏轼美酒盈樽，独自一人，在这月夜空阔神秘之中，在这阒寂无人之时，仰望长空，遐想无穷。

他于月下独酌，排遣的不是"起舞弄清影"的浪漫，而是冷静地来思索人生，以求解脱。

他想：人们追求名利是徒然劳神费力的，万物在宇宙中都是短暂的，《庄子·知北游》云："人生天地之间，若白驹之过隙，忽然而已。"古乐府诗"凿石见火能几时"和白居易《对酒》的"石火光中寄此身"，何尝不是谓人生如燧石之火?

又想及《庄子·齐物论》所述："方其梦也，不知其梦也，梦之中又占其梦焉，觉而后知其梦也；且有大觉而后知此其大梦也，而愚者自以为觉。"

浅酌之后，低首沉思，这半生坎坷，富贵与贫穷者的一生都不过是"隙中驹、石中火、梦中身"。

再回首，自己这一生，虽然学富五车，腹有诗书，却不能大展身手，朝廷对自己有恩遇，但在这京城之内，却时时受着小人的诽谤，政敌的打压，自己何以作为？他对月轻吟《行香子·述怀》诗由心生，心情尽在诗中。

清夜无尘，月色如银。酒斟时、须满十分。浮名浮利，虚苦劳神。叹隙中驹，石中火，梦中身。

虽抱文章，开口谁亲。且陶陶、乐尽天真。几时归去，作个闲人。对一张琴，一壶酒，一溪云。

他真想过那种平凡清淡的生活，远离这些官场喧嚣……

苏轼他在心情苦闷之时，总会从诗中寻求着自我解脱的方法。

现实的享乐，不是浮名浮利，虚苦劳神，待有机会则乞身退隐。"且陶陶、乐尽天真。"只有经常在"陶陶"之中才似乎恢复与获得了人的本性，忘掉了人生的种种烦恼。

苏轼还不打算立即退隐，"几时归去"很难逆料，而他对田园生活却十分向往。

毕竟人生很短暂，能做得不多，回首一看，一切都是虚无，就像偶尔掠过墙缝的阳光、又像燧石取火闪过的火花，或者是黄粱一梦中一段不切实际的经历，都是稍纵即逝、无法真正拥有的。

与其浪费生命去追求名利浮云，不如放下一切做个闲人，对一张琴、倒一壶酒、听溪水潺潺、看白云飘飘，享受当下的美好自在。

此时，他只想做个凡人！

只缘身在此山中

横看成岭侧成峰，远近高低各不同。

不识庐山真面目，只缘身在此山中。

——《题西林壁》

山川，河流，清风，明月，都有佛性。只要你静下心去体悟，任何事物都可以成为你心灵的镜子，引导你回到自己的内心，发现自己心中潜藏的珍宝。

五年前，轰动一时的"乌台诗案"爆发，名满天下的湖州太守苏东坡突然身陷囹圄，一度性命堪忧，后被贬往偏僻的黄州，度过了四年清苦的贬谪生涯。

元丰七年（1084年）初，病入膏肓的神宗皇帝再次生出复起苏轼的念头，旨意称："苏轼黜居思咎，阅轼滋深；人才实难，不忍终弃。"

神宗一纸手札，将他由黄州调往汝州。苏东坡舍不得离开黄州，但皇命难违，于是在《别黄州》一诗，苏东坡说："投

一蓑烟雨任平生：苏东坡词传

老江湖终不失，来时莫遣故人非。"

"投老江湖"四字，正是48岁近知天命之年的苏东坡出世心态的最好写照。

苏轼从黄州至汝州，途经庐山，与苏轼同行的参寥说："庐山的和尚都是热心肠，听说子瞻要来，他们早就奔走相告，洒扫僧舍，备下好茶，以待坡仙。"

庐山多奇秀，苏轼欣然而往之。

庐山又称匡山、匡庐，地处江西省北部，东偎婺源鄱阳湖，南靠南昌滕王阁，西邻京九大通脉，北枕滔滔长江，耸峙于长江中下游平原与鄱阳湖畔，自古享有"匡庐奇秀甲天下"之盛誉。

公元1084年夏，东坡信步向庐山走去。

这里是中国的佛教圣地，有许多寺庙：东林寺，铁佛寺，西林寺……各有千秋，众寺于山中皆占据绝好地势。

初入庐山，东坡穿着草鞋，挂着竹杖，与参寥、刘格一路前行。

他们行走于峭壁悬崖之间的山路，看瀑布飞泻，山间云雾缭绕，险峻与柔丽相济。苏轼心中想及那些前人留下的诗篇："灵山多秀色，空水共氤氲。""挂席几千里，名山都未逢。""庐山秀出南斗傍，屏风九叠云锦张。"他亦诗兴大发，到庐山怎么能不留下诗篇呢？

《初入庐山三首》，其一云："芒鞋轻竹杖，身挂百钱游。可怪深山里，人人识故侯。"

大山清寂，高僧盼高士，人人都识苏东坡。

行走在庐山之间，经壑谷，钻岩洞，爬怪石，顺水流，观瀑布……

峰回路转，在林壑深处，有蜿蜒的溪水"叮咚"作响，水中有巨石，石上有铭文，说是白居易浔阳游庐山，醉于此，于石上休息，因此得名"醉石"。

东坡亦趟水而过，坐于石上，小憩片刻，挥笔留书："眉山苏轼来游庐山，休乐天醉石之上。清泉潺潺，出林壑中，俯仰久之，行歌而去。"

时，庐山第一高僧常林和尚带领一众和尚前来迎接，大家揖手言笑，欢欢喜喜入住山下开元寺。

随后几日，东坡在常林禅师的引领下，行走于庐山之中，足迹抵达各寺，喝茶谈诗说禅。

他常见得四周山峰耸立，远方湖水隐隐，这湖光山色，浩瀚壮观，叫人入此境，心清明。

苏轼于庐山，泡温泉，爬山路，吃清斋，燃青灯，拜菩萨，千年古木，直入云天，著名虎溪，蜿蜒清澈……

东林寺规划宏大，香火旺盛，润州金山寺的佛印和尚也慕名而来。

佛印二字，是宋神宗赐给他的，普天下的和尚无人不知。

他与苏轼书信往来，神交已久，并未亲见，此时闻知苏轼在庐山，特地前来拜会。

民间常有苏轼与佛印之间的趣事逸文。

佛印未出家之前，亦是儒家者流，博览群书，滑稽应对，当时无有出其右者。苏轼幽默亦然，二人见面常互相打趣。

苏轼曾设宴款待佛印，宴间戏之曰："向常与公谈及昔人诗云：'时闻啄木鸟，疑是扣门僧。'又云：'鸟宿池边树，僧敲月下门。'未尝不叹息前辈以僧对鸟，不无薄僧之意，岂谓公今日公亲犯之。"

佛印曰："所以老僧今日得对学士。"

这是苏轼拿佛印的僧人身份来编排他："过去常常感叹前辈写诗以僧对鸟过于轻薄，没想到今天让您给撞上了。"

鸟是骂人的话，这话茬实在不好接。没想到佛印却说："所以我今天与学士您对上了。"

此时，参寥、佛印，常总禅师相聚庐山，缘于一个苏子瞻。

他们从东林寺出发，又于庐山四处游览，山路曲折，林木参天，山花自开，泉流自如，一路上，大家兴致勃勃，谈佛讲禅，到达西林寺。

这西林寺在庐山众寺庙之中，并不显耀，极为寻常，坐落于群山怀抱，晨钟暮鼓，亦自发声。

这些日子，苏轼游庐山，交高僧，所见所感甚多，步入西林寺，这些日子积聚与心的感觉都化为灵感，向他扑面而来。

这西林寺的寺院不大，苏轼于入寺中，没走一会儿，诗句已涌上心来，急呼唤笔墨。

此时，小僧急急奉上劣笔拙砚，苏轼于这西林寺的墙壁上，挥笔写下：

横看成岭侧成峰，远近高低各不同。

不识庐山真面目，只缘身在此山中。

诗名便为《题西林壁》。此诗一出，三位高僧俱称奇。

苏轼转庐山，转出千古佳句，看似平淡，细思禅意浓。

对人对事，一如望此庐山，要从不同角度，不同距离去看。

庐山面目随人转，观察事物要"出乎其外"，保持一定的距离。只有这样，才能看清事物的真相，乃至发现出美来。

苏轼在写自己游山的感受的同时，也自然而然的揭示了"旁观者清，当局者迷"这一古老哲理。

《题西林壁》这首诗的高妙之处在于"状难写之景如在眼前，含不尽之意如在言外"。

庐山不变，但因观察角度不同，庐山面貌亦不同。我们于事之中，做自己的事，看不同的景象，但我们却不曾照见自己内心，无法视到自己的本性。

只有去除我执，离一切相，才能成佛。

明心见性，见性之前，该懂得如何才能明心。

只有明心以后，才有机会见性开悟，开悟是什么？开悟是对世间一切事物，了然于心，再无困惑。东坡参禅中解悟的功夫已臻高峰，或许如他所说："我心空无物，斯文何足关。君看古井水，万象自往还。"

万象来往，我自不动，如镜照物，随其来去。

参禅如此，如青原惟信禅师所说的禅宗三重境界。未参悟时，"见山是山，见水是水"，及至一个入口处，"山不是山，水不是水"，正是"未到千般恨不消"，滚滚红尘，斑斑杂色。

"及至到来无一事"，又是一个出口处，返璞归真，"山仍是山，水仍是水"，回归本来面目。

或许，一如诗人泰戈尔的一句诗：天空没有翅膀的痕迹，但我已经飞过……

山色无非清净身

溪声尽是广长舌，山色无非清净身。

夜来八万四千偈，他日如何举似人？

——《赠东林总长老》

"九曲黄河万里沙，浪淘风簸自天涯。"刘禹锡眼中的大江大河自有其开阔和豪迈，而那山间流动着的涓涓细流，在时间的长河中，也欢快跳跃，川流不息，月明之时，青溪映月，银溪如练，何尝不是别有一番风情？

不同人，面对一弘清溪流，感悟也是不同。

王维眼中溪水有情，"坐看红树不知远，行尽青溪忽值人。当时只记入山深，青溪几度到云林"。李白见溪，则是"闲来垂钓坐溪上，忽复乘舟梦日边"。韦应物笔下溪水清幽，宁静，吟出"独怜幽草涧边生，上有黄鹂深树鸣"。

李清照则愁绪满怀，"闻说双溪春尚好，也拟泛轻舟。只恐双溪舴艋舟，载不动，许多愁"。

苏轼见溪，又别有一番开悟。

苏轼畅游庐山，入住东林寺。游山玩水之外，便是与寺内的照觉、常总两位法师谈论禅法。

佛法在哪里？禅师说："佛法遍在虚空之中。"

佛法在哪里？照觉讲："佛陀的色身当然有生老病死，佛陀的法身慧命却流布于大化之间，横遍十方、竖穷三际，无处不在，无处不有。"

苏轼听的似懂非懂。

他时常在东林寺中漫步，远望鄱阳湖碧水滔滔，回首处，洗心池边，善男信女以恭敬心洗手、漱口，高高的牌楼两侧，六根经幢上刻有阿弥陀佛四十八大愿。

穿过天王殿，可见莲花池，池中遍布四色莲华，夏日尽显清雅之气，冬日则展残荷之美。那大雄宝殿内供奉着三方大佛——中间是释迦牟尼，东边是琉璃光如来，西边是阿弥陀佛。匾额上分别题写"调御丈夫""悲智双运""海印三昧"。

"调御丈夫"是指佛的十号之一，不仅调御自己而且能调御丈夫。"悲智双运"是赞叹释迦牟尼佛在因地发五百大愿，要在娑婆世界五浊恶世，人寿百岁的时候，来到这个世界度众生。此大愿一发，大地为之震动，十方诸佛菩萨伸广长舌赞。"海印三昧"是指一切菩萨成佛，均契证到了性德之海……

在这里，时时处处都使苏轼那颗心因近佛而参悟其中奥妙。

一念一弥陀，一步一莲花。

与法师论佛之后，入夜，他躺在禅房内简陋的硬板床上，心中依然思考着白日与智者的谈话。

四下一片宁静，窗外的溪水声淙淙有声，时起时伏，风声从林间吹过，似唱一曲天地自然之妙曲。

苏轼似睡非睡，思考着天地间最为奥妙的思想，他的内心，被这大自然的声音感动，天大地大，日夜不停的溪涧水声，不就是佛陀灿若莲花而又能覆盖面部的"广长舌"，为了开导、开悟冥冥众生，不知疲倦、没有停歇地讲经布道？

这湖光山色氤氲变幻、美若仙境的庐山，不就是佛陀清静、庄严的真身吗？

苏轼心中的庐山，不仅仅是他眼中心中最初的印象，只有"雄""奇""险""秀"，这庐山不惧风吹雨打、刀霜剑雪，万古不移地呈现在那里，它是为了让世人明白美妙真如的佛性啊。

苏轼于这山中之夜，心随转物，那风声、溪水声、虫鸣声，甚至赞叹声、欢笑声，这些声音在苏轼听来，明心而见道。

清澈明丽的庐山，都是纯净无垢的佛性妙现。

那风声林啸，也是玄妙法门的吟诵。

在这一刻，苏轼的心里，无论是法师还是庐山，都是如此博大精深，不可言喻。

他听着想着，眼前朦胧，渐入梦乡……

次日醒来，苏轼觉得自己这夜似乎一直在听着大自然的颂偈声，那么多，多到八万四千偈，以致醒来后，都不知道怎么才能把这些偈子告诉给别人。

他眼神清亮，心境纯净，却无法表达自己内心的那种感动，无法向别人说出自己此时的感受。

禅境只可意会、不可言传，只可自证、不可他求，果真是"言无展事，语不投机。承言者丧，滞句者迷"。

第二天一大早，苏轼兴冲冲地向常总和尚呈上自己的两首诗偈。其一便是：

> 溪声尽是广长舌，山色无非清净身。
>
> 夜来八万四千偈，他日如何举似人。

你要听佛陀说法的音声吗？听呀！佛陀音声在大自然中，生灭潺潺的流水声就是佛陀广长舌的音声。

你要看佛陀的样子吗？青青山岚就是佛陀清净的法身！

彻悟佛陀真理的人，可以从一切事相上洞见人生，无论什么声音，只要你能用心观照，有所觉悟，那就是佛陀的说法声。

佛陀与我们这么接近，又时时刻刻对我们说法，那么多的宇宙真理，佛要我好好地领会，再传播给别人。

生生世世活在佛法里，时时刻刻把佛法弘传人间，上报四重恩，下济三涂苦，人生意义就尽在其中了！

东林常总是禅宗黄龙派创始人黄龙慧南的弟子，在禅宗地位崇高，他见了这首诗偈，认为苏轼领悟了佛法无边、遍及万物的道理，已达"悟"的境界。以此为机缘，苏轼便正式归入黄龙派东林常总门下，后世称"东坡居士"，自此开始。

已外浮名更外身

已外浮名更外身，区区雷电若为神。

山头只作婴儿看，无限人间失箸人。

——《唐道人言天目山上俯视雷雨每大雷电但闻云中》

自然界中，雷电是常见的自然现象，众人大都熟视无睹，在艺术家与诗人眼里、笔下都带着不同的感情色彩，使这些自然现象充满诗情画意。

单说春天第一声春雷，唐·司空曙笔下的《闻春雷》："水国春雷早，阗阗若众车。自怜迁逐者，犹滞蛰藏馀。"已然将春雷的声音情态描述的形象逼真。

陆游在半夜被雷雨声惊醒，听那急风暴雨，写下了《中夜闻大雷雨》："雷车驾雨龙尽起，电行半空如狂矢。中原腥膻五十年，上帝震怒初一洗……"将雷之大，雨之疾描写的淋漓尽致。众多写雷雨的诗篇中，苏轼的一篇却与众不同，极有禅意。

他既不写雷电的样子，亦没有写雷电的声音，只短短28个字，苏轼独具慧眼，从人所共知的自然现象中开掘出令人耳目一新的哲理来，既给人以深刻的启迪，又别有趣味。

此时苏轼37岁，正是壮年，却有"老矣百事废"和"销残年"的思绪，因王安石变法给他带来的仕途挫折产生的烦恼。

当时，王安石任宰相，推行一系列新法，初心是好的，他也是为了国家的富强，为了充盈国库，大力实施"青苗法"，青苗法主要内容是："以常平籴本作青苗钱，散与人户，令出息二分，春散秋敛。"

这在古人心目中是一种高利贷的形式，利用农民在青黄不接的困难之时，将青苗抵押借钱，待收成后，收取二分至三分的高利盘剥农民。

但苏轼在考虑国库充裕的同时，更注重的是人民的利益。要抵押青苗贷款的农民肯定都是贫困户，青苗作价又是常平价，低于青苗时的市价，而收成时还的要高于收成时的市价，农民不但要付二分以上的利息，还在价格上吃了亏。

苏轼反对青苗法主要原因是这样会给百姓带来更大的负担，并导致暴君污吏增多，那些孤贫不济之人，被"鞭挞已急，则继之逃亡，不还，则均及邻保，势有必至，异日天下恨之……"

没有实施青苗法之前，百姓收成后以市价由国家予以收购，到青黄不接时谷价贵，则以低于市价销售，借此来平抑谷价，救济贫民。

苏轼的意见是有了常平法就不需要"趁火打劫""肥了国家，穷了农民"的青苗法了。希望神宗皇帝不要做这种"恶法"的始作俑者以致留骂名于青史，被后人批评。

王安石偏执性急，人称之"拗相公"，他推行新法雷厉风行。

苏轼却顾虑强行推行新法，社会矛盾激化，引起社会动荡，反而给国家安全和人民生活带来不利。

因苏轼与王安石意见不同，被调到杭州做了通判。

苏轼喜游山水，除了游览自然景观，还会访僧问禅。毕竟政事纷繁，自己内心深处越发觉得仕途之路坎坷，需要有道之士指点迷津。

经受了政治迫害的风浪，苏轼心情自然是压抑、烦恼的，不过，他的旷达、豪放、潇洒的本性和人生态度使他于山巅之上，自生一股豪迈之气。

山水有法，苏轼时常与山中僧、道交谈，来获得心灵上的洗涤。

苏轼这日去天目山寻访唐道人。

天目山素有"大树华盖闻九州"之誉，地处浙江省西北部临安市境内，浙皖两省交界处，距杭州84千米。

此山"雄踞黄山与东海之间，龙飞凤舞俯控吴越，狮蹲象立威镇东南，东西两峰遥相对峙"。东峰大仙顶海拔1480米，西峰仙人顶海拔1506米。两峰之巅各天成一池。宛若双眸仰望苍穹，因而得名。

苏轼行走在这群山之中，山石为裂，足下扑朔迷离，偶尔会看见晴空中浮现的海市蜃楼，如梦如幻。

那山中庙宇，楼檐飞起，于绿树丛中，甚是雄伟，又闻得林中飞鸟欢鸣，伴随那朝钟暮鼓之音，一份清明自然而生，这里真是洗心参禅的好地方。

天目山内，山势起伏，低山、丘陵、宽谷间峭壁突兀，怪石林立，峡谷众多，极为优美。

苏轼至山之巅，天目山连绵不断的山势，像一群野马奔来，山下水波激荡，如万古蛟龙。

这里是江南宗教名山。东汉道教大宗张道陵在此修道，史称三十四洞天。

苏轼在山中拜访唐道人，两人相谈甚欢。

唐道人说，在天目山上可俯视雷雨，每当乌云密布，电闪雷鸣之时，只听得云中雷如婴儿大声哭泣之声，殊不闻雷声震天呀……

苏轼听得道人将雷声听为婴儿之哭，心中立即透出一道亮光，他有感而发：

已外浮名更外身，区区雷电若为神。

山头只作婴儿看，无限人间失箸人。

虽说人间雷声是自然景观，离放电的云层越远，听到的雷声就越低；身处雷电之下，雷电似有无穷威力，叫人害怕。

当年曹操曾与刘备论天下英雄，曹操从容地对刘备说："今天下英雄，惟使君与孤耳，本初（指袁绍）之徒，不足数也。"那时，正当雷声大震，刘备一惊，手一抖，手中的筷子掉在地上。

操笑曰："丈夫亦畏雷乎？"

玄德曰："圣人迅雷风烈必变，安得不畏？"

刘备为曹操之话所惊，失箸，以惊雷掩饰，是一种应对策略去，以除曹操疑心。

寻常人等，闻惊雷在头顶炸开，大都会胆战心惊。

可是，唐道人在天目山上看雷电，却觉得其声若婴儿啼哭。

"雷霆之威"对于把浮名乃至生命置之度外的人，是不起丝毫作用的。苏轼想，自己又何必去为浮名而忧虑、烦恼呢？

在禅者眼中，红尘中轰轰烈烈的事情，都不过是区区小事，是不入法眼，不住禅心的。对于生活与世界的看法，禅者如立山头，尘世人却身处哄闹的人间。

禅者自若，而世人惶恐。

立于群山之巅，他们望着那峰峦叠翠、古木葱茏，奇岩怪石、流泉飞瀑……苏轼览胜颐神，心中赞"天目千重秀，灵山十里深。"

他内心的声音在提醒着他，世人闻雷声而失箸，是由于他们心有未安，竞相逞巧斗智，所以总是为外物所动，不能获得心灵的自由。自己此刻站在天目山上，聆听道长的禅音，"已外浮名更外身"了。

人生皆要带有"平常心"，以一种超然的态度对待自己的荣辱得失，心便开明通透。

苏轼以"婴儿看""失箸人"来强调人的心理承受的差异，此诗脱略细节，大处落笔，成为对人生境界的妙喻。

庐山烟雨浙江潮

庐山烟雨浙江潮，未到千般恨不消。

到得还来别无事，庐山烟雨浙江潮。

——《观潮》

观潮要去杭州，钱塘江秋涛，举世闻名。

唐宋时期，观潮盛行，每年农历八月十五左右，是观潮最佳时期。钱塘江水由西往东注入杭州湾，流入东海。每当海潮来时，声如雷鸣，排山倒海，犹如万马奔腾，蔚为壮观。

苏轼在杭州任通判期间，数次观钱塘潮。每及此时，路上车如水流，人如潮涌。

苏轼第一次登山远眺钱塘江潮，那潮汐浪涛汹涌，如万马奔腾，排空而至，遇河床沙坎受阻，潮浪掀起三至五米高，潮差竟达十数米。

苏轼只见那后浪推着前浪，前浪未止，后浪追上，层层相叠，滔天浊浪排空来，翻江倒海、山亦可摧之势让苏轼叹为观止。

后来，苏轼去不同地点观潮。

初见那宽阔的钱塘江横卧在眼前，江面平静，于雨后阳光之下，笼罩蒙蒙的薄雾。远处，几座小山在云雾中若隐若现。大堤坝上，人山人海，翘首以待大潮来临。

不久，渐闻潮声，这潮声越来越大，渐而，那东方水天相接的地方现出一条白线，那白线飞速向岸边涌来，逐渐拉长，变粗，横贯江面。再近些，只见白浪翻滚，形成一道两丈多高的白色城墙。

浪潮越来越近，犹如千万匹白色战马齐头并进，浩浩荡荡地飞奔而来，潮声则如山崩地裂。霎时，潮头奔腾，向西流去。余波漫天卷地般涌来，江面上风号浪吼……

翻开苏轼的诗集，有不少是描写庐山和杭州的诗篇。

苏轼未及去时，对庐山的风景和钱塘江潮慕名已久，常萦于梦寐。

若未能身历庐山之境，赏烟雨迷蒙之奇，不能亲睹钱塘江潮，感受它那万马奔腾，势撼山岳之壮观，他总觉得有负此生，千般遗憾，难以消解。

后来，苏轼登庐山，饱览庐山烟雨，观钱塘潮的，感受江潮壮美，身在其中，不能自己。

时过迁境，饱经风霜，苏轼由初入仕途，踌躇满志，一心想做到"致君尧舜上"，到屡受打击，以至于大江南北，纵横

一蓑烟雨任平生：苏东坡词传

东西，皆留下他被贬谪的足迹：杭州、密州、徐州、湖州、黄州……

也曾受太后恩遇，官至翰林学士、知制诰，然，一波三折，命运起伏，直到惠州、直到孤岛海南。

朝廷变故起，苏轼在海南，苦雨终风亦有尽头，公元1100年，他已63岁，又奉诏北还，离开儋州，已是风烛之年，壮志消磨。

一直在海南陪伴他的儿子苏过也受朝廷任命，将前往中山府任通判。

面对将要别离的儿子苏过，老父亲苏轼有千言万语想对这在海南陪伴自己艰辛生活了几年的儿子说。

回想自己当年踏入仕途的雄心勃勃，而身在其中的万种波折，这一生的起起落落，皆化成一首《观潮》诗，留给苏过。

庐山烟雨浙江潮，未到千般恨不消。

到得还来别无事，庐山烟雨浙江潮。

这是苏轼在临终之时给小儿子苏过手书的一道偈子。

他结束了流放生涯，从一个踌躇满志、一心从政报国的慷慨之士，慢慢变成一个从容面对、参透生活禅机的风烛老人。

儿子将去任职，一个人独当一面了，也会在宦海沉浮，也会遇到诸多磨难，也会被情绪左右……他写下此诗，告诉自己的儿子：没看庐山烟雨钱塘潮，总觉得意难消，而今观后，这旷世稀奇之景亦平常，烟雨的聚散飘忽，江潮的自来自去，都是自然。

人生何尝不如观这"庐山烟雨浙江潮"，未曾见识之时，遗恨不已；而初次见识，所见的不过是万事表象；等到见识过了，超越表象，方才进入禅意，所见的已不是"庐山烟雨浙江潮"，而是佛、是禅、是只可意会难已言传的意念。

苏轼将一生的人生感悟、佛理禅机尽皆寄于此诗之中，希望小儿子苏过能够有所禅悟，无论何时，记得看清自己内心，记得心随境转，冲动时要学会克制，遇到风波之后不随着冲动妄念走，要从容淡雅。

以禅理入诗，历代诗人都有，唐代王维的"独坐幽篁里，弹琴复长啸，深林人不知，明月来相照""晚年惟好静，万事不关心。自顾无长策；空知返旧林"都是例证。

人生总有追求，在实现了自己朝思暮想的目标时，看到了"庐山烟雨浙江潮"之后，发出会心的微笑："正是如此！"

人生都是经历，在经历中虽然遇到种种磨难，却也可以从中得到了满足，不要失落，不要遗憾。

要知道，种种经历，由表及里，思想升华，自有禅出，再看"庐山烟雨浙江潮"，啊！"原来如此"！

同是一句"庐山烟雨浙江潮"意境多么不同。

苏轼自海南坐船归来，身体有恙，至书米元章："某食则胀，不食则羸，昨夜通宵达旦不交睫，端坐饱蚊子耳。不知今夕如何度……"

回船至常州，七月流火，船舱闷热，苏轼腹泻，情形不妙。

七月中，病况好转，次日又高烧，海南生活积聚的热毒大作。苏轼强撑病体写《与钱济明书》："某一夜发热，不可言。齿间出血如蚯蚓者无灵敏。细察疾状，专是热毒，根源不浅……此而不愈，则天也，非吾过也。"

7月18日，苏轼病入膏肓，自知难起，唤三子及诸孙至病榻前，他艰难启口："吾生不恶，死必不坠。"

27日，苏轼病已恶化，他面壁饮泣，依稀可闻，不肯面向亲朋。

回头再读那充满禅心禅意的《观潮》：

　　　　庐山烟雨浙江潮，未到千般恨不消。

　　　　到得还来别无事，庐山烟雨浙江潮。

苏轼一生跌宕起伏，此时生死之间，危在旦夕，其人其心，其诗其词，其境其禅……

他一生所遇，他人生种种，那些峰回路转的官场沉浮，那些波澜壮阔的人生经历，那些明心见性的觉察开悟，何尝不似这《观潮》诗？

公元1101年7月28日，苏轼溘然长逝，享年64岁。亲朋大哀，万众低泣，日月失色，风雨同悲……